Keine ZEIT zu GÄRTNERN

BLUMENPARADIES
MIT WENIG AUFWAND

EMF

EIN BUCH DER
EDITION MICHAEL FISCHER

INHALT

Keine Zeit für Pflege

Keine Zeit zum Vermehren

Pflanzenporträts

VORWORT

Kinder, Arbeit, Haushalt, Hobbies – wie soll man da noch einen Garten in Schuss halten? Genau diese Frage stellte ich mir, als ich mit meinem Mann und den zwei Jungs in unser Haus mit Garten gezogen bin. Hier war zwar schon alles sehr schön angelegt, passte jedoch irgendwie nicht so richtig zu uns. Und weil ich weder Zeit noch Ahnung hatte, wie man so einen Garten pflegt, ist mir eine Pflanze nach der anderen eingegangen. An dem Zustand „keine Zeit“ hat sich bis heute nichts geändert, aber an dem Zustand meines Gartens eine ganze Menge. Ich habe es mit den Jahren geschafft, ihn so zu gestalten, dass dort immer etwas blüht und er trotzdem, dank geschickter Staudenpflanzungen, so wenig Arbeit wie möglich macht.

Ich lege dabei sehr großen Wert auf insektenfreundliche Stauden und mit fein abgestimmten Blühfolgen kann man tatsächlich zu fast jeder Jahreszeit ein Nahrungsangebot für Insekten erreichen.

Durch den Klimawandel kämpfen wir seit Längerem mit trockenen, heißen Sommern, daher achte ich außerdem auf Pflanzen, die mit möglichst wenig Wasser auskommen. Das schont nicht nur die Umwelt, sondern spart auch noch Geld und viel Zeit!

Damit die Umsetzung bei dir nicht wie bei mir ewig dauert, gebe ich dir dieses Buch als Nachschlagewerk an die Hand. Hier steckt meine gesamte Erfahrung drin mit zahlreichen Tipps, die das Anlegen von Beeten, die Bepflanzung und speziell die Pflege vereinfachen. Damit kannst du die meisten Fehlversuche, die mir unterlaufen sind, einfach überspringen und direkt starten.

Das Buch soll dir gleichzeitig die Angst vor Fehlern nehmen, denn so einiges im Garten ist eben doch learning by doing. Ich hoffe, dass ich dir mit dem Buch zeigen kann, dass ein schöner Garten gar nicht so aufwendig ist, wie man immer denkt. Einmal richtig angelegt, lässt er sich mit minimalem Aufwand instand halten und bietet dann einen Ruhepol zu jeder Jahreszeit.

Und jetzt viel Spaß in deinem Garten!

Deine Sonja

KAPITEL 01

Grund-LAGEN

Blühende Beete möglichst rund ums Jahr – das ist der Traum aller Gärtner*innen. Wenn sie dann noch einfach zu pflegen sind, umso besser! Zuerst solltest du deshalb den Ist-Zustand deines Gartens ermitteln. Anhand der folgenden Kapitel lässt sich schnell und einfach herausfinden, welche Gegebenheiten in deinem Garten vorherrschen und wie du diese am besten nutzt. Das ist vor allem wichtig, wenn es um die Auswahl der Pflanzen geht, denn nicht jede wächst an jedem Standort.

DIE GARTENGESTALTUNG ENTSPANNT ANGEHEN

Warum sich überhaupt die Zeit nehmen, einen Garten anzulegen? Für mich ist es ein Ausgleich zum stressigen Alltag, der mich zur Ruhe kommen lässt. Damit auch du entspannt in das grüne Projekt starten kannst, erhältst du hier einige Tipps.

GRUNDIDEEN FÜR DEN GARTEN

„Mir reicht's, ich geh in den Garten!" – meine Familie kennt das zur Genüge und meine Jungs wissen, dass sie mich da besser einfach gehen lassen. Den Perfektionismus lege ich an der Gartentür ab. Bevor dein Garten jedoch zum Ruhepol werden wird, gilt es, sich ein paar Gedanken zu machen. Was möchtest du mit deinem Garten erreichen? Welche Bereiche sollen vorhanden sein? Was möchtest du sehen, wenn du deinen Garten betrittst? Die folgenden Anregungen können dir dabei behilflich sein, deine Wünsche zu formulieren.

DEIN GARTEN SOLLTE …

→ … so lange und üppig wie möglich blühen. Das ist nicht nur eine Wohltat für einen selbst, auch Insekten und Vögel haben ihre Freude daran.

→ … aus so wenig Rasen wie möglich bestehen. Ich weiß, gerade am Anfang ist das kaum zu glauben, aber Rasen macht so viel mehr Arbeit als ein gut angelegtes Staudenbeet.

→ … auch Schatten spenden. Daran denken viele nicht, aber schattige Plätze sind in der heutigen Zeit der heißen Sommer wirklich unabdinglich im Garten. Der ein oder andere Baum oder größere Strauch macht also absolut Sinn.

→ … spannend sein. Ich möchte möglichst nicht auf einen Blick alles sehen – der Blick sollte vielmehr durch Beete gebrochen werden. Auch kleine Wege helfen, denn sie leiten durch unterschiedliche Bereiche des Gartens. Und hohe Stauden oder Sträucher verhindern, dass man einmal quer durchschauen kann und lassen Grenzen verschwimmen.

→ … gemütlich sein. Ich mag zum Beispiel kleine chillige Ecken zum Sitzen, wo ich den Blick ins Grün schweifen lassen kann, um das zu genießen, was ich angelegt habe. Also Sitzplätze nicht vergessen bei der Planung!

Kleine schattige Eckchen sind der ideale Platz, um zwischendurch mal eine Tasse Kaffee oder eine kühle Limo zu trinken.

Brechen den direkten Blick in den Garten: Inselbeete sorgen für Spannung!

DER ZEITAUFWAND

Ein Garten ist nie fertig. Wenn man sich das vor Augen hält, geht man wesentlich entspannter an die Sache ran. Die nächste Saison kommt, und da kann man zur Not den ein oder anderen Fehler ausbügeln. Trotzdem sollte der Garten natürlich nicht zu viel Arbeit machen. Dabei hilft dir die folgende Zusammenstellung zum Thema Zeitplanung.

DAS FRISST AM MEISTEN ZEIT

→ Rasen mähen – ist mehrmals im Monat nötig

→ Wässern – fällt hauptsächlich im Sommer bei neu gepflanzten Stauden an

→ Unkraut jäten – sollte man regelmäßig nicht nur in den Beeten, sondern vor allem auch im Rasen, was besonders fies ist

DAS FÄLLT NUR WENIGE MALE IM JAHR AN

→ Allgemeiner Rückschnitt der Stauden und Gräser – geschieht meist im Frühjahr

→ Das Auffüllen von Lücken im Beet mit Einjährigen oder neuen Stauden

→ Im Herbst das Setzen von Zwiebeln, Tulpen und Co., die für die Blütenpracht im Frühjahr sorgen

DAFÜR NEHME ICH MIR GERNE ZEIT

→ Blumensträuße pflücken und arrangieren

→ Die vielen Insekten in meinem Garten beobachten

→ In einer schattigen Ecke sitzen und über neue Gartenprojekte nachdenken

DER GARTEN IST EBEN NICHT NUR ARBEIT – DIE ERNTE ALLER ZIERGÄRTNERNDEN SIND ÜPPIGE BLUMENSTRÄUSSE.

DIE PERFEKTE AUSSTATTUNG

Theoretisch kann man im Garten direkt loslegen, einfacher geht es aber mit den richtigen Tools & Co. Daher gebe ich dir hier ein paar meiner Must-haves an die Hand, mit denen viele Arbeiten schneller erledigt sind – und das ist ja unser Ziel, oder?

KLEINER GARTENGERÄTEPOOL

Neben Gummistiefeln oder allgemein bequemem Schuhwerk machen auch gut sitzende Hosen im Garten Sinn – wer will den Nachbar*innen schon ein zweites Dekolleté zeigen?! Damit bist du jedenfalls schon mal für sämtliche „Yogastellungen“ im Beet gut gewappnet. Woran ich aber echt nie denke, und das kann fatal enden: Sonnencreme. Das hört sich so banal an, doch ich hatte schon den ein oder anderen heftigen Sonnenbrand deswegen. Man vergisst die Zeit und unterschätzt vor allem im zeitigen Frühjahr die Sonne.

Neben diesen Basics finde ich folgende Werkzeuge und Hilfsmittel im Garten wirklich praktisch:

PRAKTISCHE HELFER

Handschuhe	Sie beugen Verletzungen vor und vermeiden, dass man ewig mit dreckigen Fingernägeln rumläuft. Am besten mehrere Paare parat halten. Meine verschwinden immer auf magische Weise.
(Hand-)Schaufel	Eine kleine Schaufel ist bei mir im Dauereinsatz. Stauden pflanzen ohne dieses handliche Teil ist undenkbar.
Grubber	Um die Erde aufzulockern oder zum Beispiel Dünger einzuarbeiten, aber auch zum leichteren Entfernen von Unkräutern, ist ein Grubber sehr hilfreich.
Spaten	Wenn du alte Pflanzen ausgraben oder größere Stauden oder Gräser pflanzen möchtest, ist ein Spaten das Werkzeug der Wahl. Auch beim Teilen von zu groß gewordenen Stauden darf er nicht fehlen.
Rechen, Harke	Diese Helfer benötigst du zum Verteilen und Glattziehen der Erde im Beet.
Grabegabel	Eine große Hilfe beim Umgraben und Lockern von neuen Beeten ist dieses Werkzeug. Gerade wenn du Rasen für ein neues Beet entfernt hast und der Boden noch stark verdichtet ist, kriegt man ihn mit der Grabegabel wieder locker und durchlässig.
Gartenschere	Sie ist das wahrscheinlich meistgenutzte Utensil bei mir. Ob beim Rückschnitt von Stauden, Gräsern oder Gehölzen, die Gartenschere ist im Dauereinsatz. Tipp: Hier lohnt es sich, auf Qualität zu achten!
Kniekissen	Wenn man sich nicht direkt die Hose verschmutzen möchte oder der Boden zu nass zum Hinknien ist, ist das Kniekissen eine perfekte Unterlage. Ich hab's erst sehr spät zu schätzen gelernt, aber mag's jetzt nicht mehr missen.
Unkrautstecher	Mit diesem meist längeren halbrunden Spieß kann man tiefwurzelnde Unkräuter ausheben. Er eignet sich perfekt zum Ausstechen von Disteln und Löwenzahn.
Eimer und Schalen	Zum Portionieren von Dünger sind alte Farbeimer oder Frischhaltedosen ideal, daher nicht wegwerfen! Ich habe beim Pflanzen von Stauden immer ein kleines Eimerchen mit Langzeitdünger dabei und gebe ein bisschen davon ins Pflanzloch.
Rasenkantenstecher	Man möchte meinen, dass man stattdessen doch auch einen Spaten benutzen kann ... Nein, der Rasenkantenstecher ist eine gute Investition, da es damit einfach so viel leichter ist, eine gerade Kante auszustechen!

DER RICHTIGE PFLANZENSTANDORT

Den perfekten Standort gibt es nicht. Aber wenn du über die Lichtverhältnisse und die Bodenbeschaffenheit in deinem Garten Bescheid weißt und dementsprechend pflanzt, kommst du diesem Ideal auf jeden Fall einen großen Schritt näher!

WELCHEN STANDORT BEVORZUGT DIE PFLANZE?

Auch wenn beim Pflanzenkauf immer Angaben zum bevorzugten Standort wie „Sonne" oder „Halbschatten" oder sogar Vorlieben bezüglich des Bodens gemacht werden – diese von der Natur gesetzten Grenzen verschwimmen oft und man kommt um ein Ausprobieren nicht drum herum. Trotzdem ist es grundsätzlich gut, erst mal diesen Empfehlungen zu folgen. Ich habe mich dem früher sehr gerne widersetzt – das kann ganz schön Geld kosten, und damit meine ich nicht nur Lehrgeld!

WIE SIND DIE LICHTVERHÄLTNISSE?

Neben der Bodenbeschaffenheit sind vor allem die Lichtverhältnisse am geplanten Pflanzort wichtig. Überlege dir, wo du gerne ein Beet anlegen möchtest, und bewerte die Lichtverhältnisse für den Ort.

Sonne: Das Beet liegt den ganzen Tag oder zur Mittagszeit (11 bis 15 Uhr) für mehrere Stunden in der vollen Sonne. Es gibt keinen Schatten durch Bäume oder Gebäude – und wenn, dann nur in den frühen Morgen- und Abendstunden. Je nach Bodenbeschaffenheit kann dieser Standort sehr trocken sein. Inselbeete sind zum Beispiel typische Sonnenbeete. Sonnige Standorte befinden sich meist auf der Südseite des Grundstücks.

Halbschatten: Beete im Halbschatten liegen maximal 4 Stunden in der Sonne – dies sollte allerdings nicht die Mittagssonne (11 bis 15 Uhr) sein. Den Rest des Tages sind sie im Schatten. Diese Beete findet man oft entlang von hohen Zäunen, Hecken oder Mauern an der West- oder Ostseite des Grundstücks.

Schatten / absonnig: Hier kommt den ganzen Tag keine Sonne an – das Beet liegt in vollem Schatten. Dieser Bereich befindet sich im Schlagschatten an der Nordseite von Gebäuden, unter Bäumen oder anderen hohen Gewächsen. Man kann hier noch grob in trockenen Schatten (z. B. am Gehölzrand unter Bäumen) und feuchten Schatten unterteilen. Von „absonnig" spricht man, wenn der Bereich im Schatten trotzdem hell wirkt.

Mein Tipp

Beobachte den Bereich des Gartens, wo du das Beet anlegen möchtest, mal einen Tag oder mache morgens, mittags und abends ein Foto davon. So lässt sich schnell feststellen, wie lange Schatten vorherrscht und wann die Sonne darauf scheint.

WIE IST DER BODEN IN MEINEM GARTEN?

Welche Beschaffenheit der Boden in meinem Garten genau hat, wusste ich sehr lange nicht. Hat mich einfach nicht interessiert. Das war aber nicht ganz so klug, denn mir sind viele Pflanzen eingegangen aufgrund der – für sie falschen – Bodenbeschaffenheit. Mittlerweile weiß ich: Mein Boden ist lehmig, schwer und fett. Trockenheitsliebende Stauden, zum Beispiel Steppensalbei oder Fetthenne, kommen damit nicht gut klar und neigen dazu, in die Höhe zu schießen und zu kippen. Und andere Stauden, die einen etwas saureren Boden mögen, wie Lupinen, gehen überhaupt nicht.

Woran erkennt man nun aber die Bodenbeschaffenheit? Zum Beispiel beim **Lehm** daran, dass er nass sehr schwer ist. Im trockenen Zustand wird er steinhart und es lässt sich kaum ein Spaten reinstechen. Solche Böden kann man mit Sand und Kompost lockern und verbessern. Benötigt man jedoch sauren Boden, etwa zum Pflanzen von Bauernhortensien, hilft das Untermischen von Rhododendron-Erde. Dabei sollte das Pflanzloch immer großzügig ausgehoben und dann mit Rhododendronerde gefüllt werden.

Während Lehmböden eher alkalisch und sehr nährstoffreich sind, fehlt es **sandigen Böden** an Nährstoffen. Hier sind konstante Düngegaben je nach Bepflanzung unabdinglich. Außerdem versickert das Wasser schneller und der Boden trocknet schnell aus. Allgemein lässt sich mit Kompost und Steinmehl solch ein magerer Boden schnell verbessern und auch die Wasserhaltefähigkeit steigert sich dadurch.

Grundsätzlich gibt es für jeden Boden ein Pflänzchen, und wenn man diese richtig auswählt, hält sich der Aufwand für das „Verbessern“ des Bodens in Grenzen.

BEETFORMEN & -ARTEN

Wie soll dein Beet aussehen? Form und Art spielen hier eine wichtige Rolle: Möchtest du zum Beispiel um dein Beet herumlaufen können oder liegt es vielleicht am Rand zur Nachbarsgrenze? Es gibt für jede Lage eine gute Lösung!

INSELBEET

Da steckt die Definition schon im Namen: Ein Inselbeet ist ein Beet, das an keine Wand, Mauer oder Hecke grenzt. Man kann es von allen Seiten betrachten und es liegt meistens in der vollen Sonne – wenn nicht gerade mittig ein Baum wächst. Wann macht ein Inselbeet Sinn? Vor allem dann, wenn man große Rasenflächen auflockern oder ein Beet an einer Terrasse in den Garten hinein anlegen möchte. Ein Inselbeet bringt immer Spannung in den Garten und bietet unendliche Gestaltungsmöglichkeiten in Form und Höhe. Gerne wird es genutzt, um den Blick zu brechen. Es kann Räume im Garten schaffen und diese trennen.

Mein Tipp

Nichts macht einen Garten optisch kleiner als der direkte Blick auf eine Mauer oder einen Zaun. Wenn dazwischen Brüche durch Beete erzeugt werden, lässt ihn dies nicht nur größer, sondern auch wesentlich spannender wirken.

Der Bogen gibt dem Beet Tiefe, allerdings ist dabei auf die veränderten Lichtverhältnisse zu achten.

RANDBEET

Das Randbeet ist eines der wohl am häufigsten vorkommenden Beete in Gärten, da es entlang von Mauern, Zäunen oder am Haus angelegt wird. Mein Garten ist quasi ein einziges Randbeet und meine Hauptherausforderung ist es, Zäune verschwinden zu lassen. Diese Art eines Beetes ist oft etwas komplizierter zu bepflanzen, da hier die Lichtverhältnisse unterschiedlich sind und über den Tag hinweg wechseln. Es kann vorkommen, dass ein Teil im Schatten liegt und der andere Teil vollsonnig ist – dazwischen Halbschatten. Das klingt erst mal schwierig, eröffnet aber tolle Möglichkeiten der Bepflanzung, weil man sonnen- und schattenliebende Gewächse mixen kann.

Wichtig ist eine genaue **Beobachtung der Lichtverhältnisse**, bevor man mit der Bepflanzung beginnt. Wie wandert der Schatten im Beet im Laufe des Tages? Gibt es hier bereits Gehölze, die eventuell viel Wasser wegschlucken oder Schatten spenden? Wie breit muss ich das Beet machen, damit ich eine gewisse Tiefe in der Pflanzung erreiche?

Beachte beim Anlegen des Beetes auch, dass du eventuell noch Gehölze im Hintergrund zwecks Rückschnitt gut erreichen musst! Dabei können Trittplatten im Beet helfen, die du zwischen üppigen Stauden optisch verschwinden lassen kannst.

Schmalen Pflanzstreifen fehlt es an Tiefe, da hier eine Höhenstaffelung mangels Platz nicht möglich ist.

BEET AM GEHÖLZRAND

Der Gehölzrand ist meistens schattig und trocken und die Wurzeln eines Baumes oder Strauches magern den Boden aus. Es gibt oft nicht viel Erde im Wurzelbereich der Bäume – das heißt die Pflanztiefe ist sehr gering. Darum ist es wichtig, vor der Bepflanzung etwas Erde aufzuschütten (circa handbreit reicht), um den Boden zu verbessern. Die Lichtverhältnisse variieren hier, denn auch ein Schatten kann hell sein – man spricht dann von „lichtem Schatten" oder „absonnig".

Gehölzrand findet man zum Beispiel im Vorgarten, da hier gerne kleinere Bäume, Hecken oder Sträucher stehen, oder unter großen Schattenspendern im Garten. Häufig wird dieser Bereich nicht oder nur wenig bepflanzt, weil meistens nichts so richtig anwachsen will. Dabei ist es mit der richtigen Pflanzenauswahl eigentlich ganz einfach, auch ein Beet am Gehölzrand grün und blühend zu gestalten. Denn es gibt eine Vielzahl von Stauden, die völlig entspannt mit diesen widrigen Umständen umgehen.

Ich habe diesen Bereich erst gehasst, jetzt liebe ich ihn! Nach irre vielen Probepflanzungen weiß ich jetzt, was hier wächst, und das sind teilweise eben nicht nur die typischen Schattenpflanzen. Ich zeige dir im Einzelnen in den Beetplänen ab Seite 56, wie es garantiert funktionieren wird und dass es nicht nur Efeu und Immergrün für ein Beet am Gehölzrand gibt.

VORGARTEN

Als wir in unser Haus gezogen sind, bestand der Vorgarten tatsächlich nur aus Rasen! Für mich ein absolutes No-Go, und da ich Rasenpflege einfach nur nervig finde, sah der Vorgarten bald auch nicht mehr schön aus. Also musste ich was tun ... Ich habe ewig gebraucht, bis der Vorgarten so gestaltet war, dass es mir halbwegs gepasst hat.

Häufig liegt der Vorgarten an einer Schattenseite des Hauses. Zu irgendeiner Tageszeit gibt es garantiert mindestens einen Schlagschatten vom Gebäude. Klassisch wurden hier früher Buchs, Kirschlorbeer oder Koniferen gepflanzt, ausnahmsweise auch mal eine Rose.

Eine Unart sind Kieswüsten im Vorgarten, die lange nicht so pflegeleicht sind, wie viele meinen. Dagegen gibt es viele Stauden, die man ohne viel Aufwand dort wachsen lassen kann. Ein gut geplanter und bepflanzter Vorgarten macht wesentlich weniger Arbeit als ständiges Unkrautentfernen zwischen Kies oder Formschnitt am Buchs. Wichtig bei der Pflanzenauswahl dabei ist vor allem, dass das Beet rund ums Jahr einen guten Eindruck macht und dabei pflegeleicht bleibt.

ICH GREIFE FARBEN AUS DEM VORGARTENBEET AUCH GERNE NOCHMAL IN KÜBELN AUF, DIE ICH VORM HAUS PLATZIERE.

CHECKLISTE STANDORT

An was ich denken muss:

→ Lichtverhältnisse bestimmen
→ Standort auswählen
→ Für Beetform entscheiden
→ Für Beetgröße entscheiden
→ Bodenverhältnisse bestimmen
→ Boden gegebenenfalls verbessern
→ Pflanzen anhand der Standortbedingungen aussuchen

WELCHE PFLANZEN EIGNEN SICH?

Bei dem großen Pflanzenangebot ist es nicht einfach herauszufinden, welche Arten und Sorten für den eigenen Garten passen und welche nicht. Hier zeige ich dir einen Überblick an Pflanzen, mit denen du deinen Garten gestalten kannst.

Am liebsten hätte ich jede nur erdenkliche Pflanze im Garten. Alles, was irgendwie blüht, ruft mir vom Regal aus „Kauf mich!“ zu (und ich gebe dem Ruf leider meistens auch nach). Doch ein paar Entscheidungen und ein **Plan vor deinem Pflanzeneinkauf** machen es dir später leichter, deinen Garten zu gestalten, glaub mir!

Mit meinen Tipps funktioniert die Pflanzung ganz einfach und die Pflege wird auf ein Minimum reduziert. Solange du dich an die **Standortangaben** hältst, kannst du eigentlich nicht wirklich etwas falsch machen. Dann musst du dich nur noch für **Farben** entscheiden – okay, das ist nochmal eine Herausforderung! Gerade da kann ich mich echt schwer festlegen.

Aus Erfahrung: Die perfekte Staude am perfekten Platz pflanzt man nicht immer beim ersten Versuch. Nicht verzweifeln! Wenn die eine Pflanze am gewählten Standort nicht wachsen will, dann vielleicht eine andere. Ich habe in meinem Garten ein regelrechtes Pflanzen-Roulette gespielt – daher kann ich mittlerweile sehr gut einschätzen, was wo gut wächst. Um ein Ausprobieren kommt man eben im Garten meistens nicht drum herum.

STAUDEN

Stauden sind **mehrjährige, winterharte Zierpflanzen**, die – einmal gepflanzt und angewachsen – immer wieder an gleicher Stelle austreiben. Die meisten Arten (Ausnahmen sind immergrüne und wintergrüne Stauden) verlieren ihr oberirdisches Laub im Winter und treiben im Frühjahr komplett neu aus. Im Laufe der Saison verändern sie ihr Aussehen vom Laubaustrieb über die Blüte bis zu Samenständen und Stängeln im Winter.

STAUDEN LASSEN SICH GROB UNTERTEILEN IN

→ **Dauerblüher** – sie blühen fast die komplette Saison durch

→ **Frühlingsblüher** – sie blühen von April bis Juni

→ **Sommerblüher** – sie blühen im Juli und August

→ **Herbstblüher** – sie blühen im September, Oktober bis in den November hinein

→ **Blattschmuckstauden** – sie bilden nur unscheinbare oder gar keine Blüten und schmücken dafür umso mehr mit dekorativem Laub das Beet

→ **Remontierende Stauden** – das sind Sorten, die nach einem Rückschnitt erneut Blüten bilden

Anhand ihrer unterschiedlichen Blühphasen kann man mit Stauden ganz einfach Beete gestalten, die fast das ganze Jahr blühen. Durch die zeitversetzt blühenden Sorten entsteht immer wieder neu ein abwechslungsreiches Bild.

Auf den Seiten 124-125 findest du einen Blühkalender mit allen in diesem Buch vorgestellten Stauden auf einen Blick.

Wenn man mehrere Dauerblüher pflanzt und mit ein paar Stauden mit unterschiedlichen Blühzeiten kombiniert, hat man ein quasi immerblühendes üppiges Beet. Dauerblüher sind hier zum Beispiel: **Storchschnabel 'Rozanne'**, **Mädchenauge 'Moonbeam'**, **Garten-Skabiose 'Butterfly Blue'** – kombiniert mit einer orangenfarbenen **Taglilie**, **Ballonblume**, **Fetthenne** und dem leider nicht winterharten, in dunklem Pink blühenden **Salbei 'Love and Wishes'**.

DAS SPART ZEIT!

Mit Dauerblühern geht man auf Nummer sicher und hat einen Bereich, der ohne viel Arbeit lange Zeit blüht. Bereits nur ein paar davon bilden ein blühendes Grundgerüst im Beet.

In einer gut sortierten Staudengärtnerei (hier Baumschule Huben in Ladenburg), wird man nicht nur fündig – es gibt auch viele Inspirationen und Neuentdeckungen.

PFLANZZEIT

Der optimale Zeitpunkt zum Pflanzen von Stauden ist im Frühjahr oder im Herbst. Da ist normalerweise die Auswahl in Staudengärtnereien und Gartencentern am größten. Was du nicht im normalen Handel findest, kannst du meist online bestellen. Viele fantastisch sortierte Staudengärtnereien bieten ihre Pflanzen ebenfalls in Online-Shops an (eine Auswahl von Bezugsquellen findest du im Anhang auf Seite 139).

In den Gartencentern sind Stauden in der Regel zu ihrer Blütezeit, also saisonal, im Angebot und oft auch schon in sehr großen Töpfen zu günstigen Preisen erhältlich. Das ist aber nicht immer von Vorteil, da gerade im Sommer das Pflanzen von Stauden wegen der fehlenden Niederschläge nicht empfehlenswert ist. Außerdem weicht man durch die Versuchung solcher vorgezogenen Exemplare schnell vom eigentlichen Pflanzkonzept ab. Ich bin früher durch die Gartencenter wie ein Kind durch einen Süßigkeitenladen gelaufen und habe jede hübsch blühende Staude in den Wagen gepackt. Dadurch ist in meinem Garten ein unglaubliches Chaos entstanden, das nicht nur unschön aussah – viele dieser Einkäufe sind auch relativ schnell eingegangen, weil ich sie am falschen Standort gepflanzt hatte oder es einfach zu der Zeit zu trocken für neue Pflanzen war.

Mit den Jahren weiß ich gut sortierte Staudengärtnereien und vor allem die Beratung vor Ort sehr zu schätzen und nehme dafür gerne mal weitere Fahrtwege in Kauf. Oft gibt es in Staudengärtnereien auch kleine Sichtungsgärten. So kann man sich dort schon Inspirationen für das eigene Beet holen und das, was gefällt, mitnehmen und so nachpflanzen.

Mein Tipp

Lege deine neuen Beete am besten im Frühjahr oder Herbst an. Mache dir, zum Beispiel anhand der Pflanzpläne hier im Buch (ab Seite 46), eine Einkaufsliste und gehe damit zu einem Staudenhändler deiner Wahl. Was du dort nicht bekommst, bestelle online. Und habe Mut zur Lücke – die lässt sich nämlich zur Not auch schnell im Laufe der Saison noch schließen.

WIE PFLANZE ICH STAUDEN?

- → Schon beim Kauf solltest du auf gesunde Pflanzen achten.
- → Die Erde im Pflanztopf sollte gut durchwurzelt und nicht komplett ausgetrocknet sein.

- → Zu Hause die Stauden vor dem Pflanzen wässern – stelle sie am besten für ein bis zwei Stunden in eine Wanne mit Wasser, bevor sie ins Beet einziehen.
- → Das Pflanzloch auch gut wässern und mit ein wenig organischem Langzeitdünger (z. B. Hornspäne) anreichern.
- → Abgeknickte und unschöne Pflanzenteile vor dem Setzen entfernen.

- → Den Wurzelballen der Staude vorsichtig lockern und sie dann genauso tief, wie sie im Topf stand, an die gewünschte Stelle setzen.
- → Achte vor allem im ersten Pflanzjahr darauf, dass du die Staude genügend gießt. Im zweiten Jahr ist sie normalerweise bereits gut eingewachsen und kommt mit weniger Wasser aus.

DAS SPART ZEIT!

Streife vor dem Setzen der Stauden die oberen 1 bis 2 Zentimeter Erde über dem Wurzelballen ab. Hier landen gerne mal Samen von Unkräutern, die sich rasend schnell im Garten breitmachen können. Wenn du diesen Teil Erde entsorgst, kannst du dem ganz einfach vorbeugen und hast später weniger Arbeit!

DAS SPART GELD!

- → In Gartencentern werden Stauden oft schon als große Pflanzen in sehr großen Töpfen angeboten. Wenn du diese vor dem Setzen ins Beet **teilst**, erhältst du ganz einfach mehrere Staudenpflanzen, die auch so recht schnell an Größe zulegen werden!
- → **ebayKleinanzeigen** ist immer eine gute Adresse – hier kannst du regional schauen und siehst dann außerdem gleich, was in deiner Region gut wächst.
- → Ist der Garten erst mal mit Stauden bestückt, lassen sich diese bald ganz einfach **selbst vermehren** (siehe Seiten 96–103).

EIN MEER AUS WINTERLINGEN…

… bringt schon sehr früh im Jahr Farbe in den Garten!

KROKUSSE…

… gehören zu den ersten Blüten im Garten und sind vor allem für Bienen eine wichtige Nahrungsquelle.

ZWIEBELPFLANZEN

Mit Zwiebelblumen wie Narzissen, Krokussen und Tulpen lässt sich bereits ab Februar ein Blütenmeer im Garten zaubern. Dabei sind diese Blüten nicht nur schön für unsere Augen, besonders Bienen dienen sie als erste Nahrungsquelle in einer Zeit, in der noch wenig blüht.

ZWIEBELPFLANZEN-BASICS

Der Herbst ist der richtige Zeitpunkt zum Stecken der Zwiebelblumen, daher ist hier Vorstellungskraft gefragt, denn im Frühjahr soll aus diesem wild zusammengewürfelten Meer aus Zwiebeln ein blühender Garten entstehen. Ich achte vor allem auf ganz frühe Sorten wie Krokusse und die kleinen gelben Winterlinge. Ich mag ja kein Gelb in meinen Beeten, aber bei den Winterlingen drücke ich beide Augen zu!

5 FAKTEN RUND UM DIE BLÜTEN IM FRÜHJAHR

01 Die kleinen gelben **Winterlinge** werden meist im Frühjahr in Töpfen verkauft. Sie vermehren sich aber auch rasant durch Aussaat und die Samenkügelchen werden gerne von Ameisen von A nach B transportiert. Also nicht wundern, wenn es auf einmal überall im Garten gelb blüht!

02 **Schneeglöckchen** sind ein absolutes Sammlerobjekt und auf Veranstaltungen wie den Schneeglöckchentagen in Mannheim werden seltene Sorten gezeigt, getauscht und teilweise zu horrenden Preisen verkauft.

03 **Gartentulpen** können über die Jahre weniger werden. Manche Sorten kommen schon nach 2 bis 3 Jahren nicht mehr. ***Darwin-Tulpen***, ***Lilienblütige Tulpen*** und ***Viridiflora-Tulpen*** gehören zu den robusten Sorten, an denen man lange Freude hat.

04 Während Tulpen gerne weniger werden, vermehren sich manche **Zierlauchsorten** sehr stark und können schnell zur Plage werden.

05 Mäuse lieben **Tulpenzwiebeln** und knabbern diese gerne an und leider auch weg. Wer das vermeiden will, pflanzt Tulpen deshalb in nagersichere Körbe oder besser gleich in Kübel. An **Narzissen** gehen die Plagegeister übrigens nicht ran!

Mein Tipp

Schneeglöckchenzwiebeln dürfen nicht austrocknen, daher würde ich immer dazu raten, getopfte oder frisch ausgestochene zu kaufen. Das Geld für das Tütchen mit Zwiebeln aus dem Gartencenter kannst du dir sparen. Meine Bezugsquelle Nr. 1 ist eBayKleinanzeigen. Hier findet man gegen Ende der Blüte zahlreiche Angebote zu bezahlbaren Preisen.

Damit sich Zierlauch nicht in den Beeten aussät, sollte man die Köpfe vor der Samenbildung kappen.

Die Tulpe 'Queen of Night' setzt dunkle Akzente im Beet und passt perfekt zur Tulpe 'Silver Cloud' und den 'Thalia' Narzissen.

WIE PFLANZE ICH FRÜHLINGSBLÜHER?

→ Pflanzzeit für die Zwiebeln ist im Herbst – im Prinzip hast du Zeit bis Dezember, der Boden sollte nur nicht gefroren sein beim Setzen.

→ Du kannst entweder kleine Grüppchen pflanzen oder quer über das Beet verstreuen.

→ So klappt es am besten: Die Zwiebeln erst mal ins Beet legen und verteilen und dann Stück für Stück eingraben.

→ Achte bei verschiedenen Höhen darauf, dass kleinere Sorten nicht von großen verdeckt werden.

→ Da Tulpen und Narzissen unterschiedliche Blühzeiten haben, solltest du diese bei der Pflanzung im Auge behalten, damit die von dir gewünschten Kombinationen im Frühjahr zur gleichen Zeit blühen.

Falls dir doch an manchen Ecken noch was fehlt und du im Frühjahr merkst, dass da zu wenig aus dem Boden kommt, kannst du diese Lücken mit vorgezogenen Zwiebeln füllen. Wenn auf der Verpackung keine Pflanztiefe steht oder du dir unsicher bist, hilft folgende Faustregel: Das Pflanzloch ist immer doppelt so tief, wie die Zwiebel hoch ist. Damit geht nichts schief!

Mein Tipp

Ich vergesse immer, wo ich schon Tulpen und Narzissen gepflanzt habe, und wenn ich dann im Herbst neue dazukaufe, grabe ich oft die alten beim Setzen aus. Damit das nicht passiert und du wenigstens ungefähr eine Ahnung hast, wo schon Tulpen und Narzissen stehen und wo noch etwas fehlt, mache während der Blüte Fotos!

DAS SPART ZEIT!

Du willst ein ganz natürliches Erscheinungsbild im Frühlingsbeet? Dann nimm die Zwiebeln und wirf sie einfach irgendwo ins Beet. Dort wo sie landen, kannst du sie eingraben.

Die Pflanzenporträts zu vielen Frühlingsblühern findest du ab Seite 128.

BLÜHKALENDER FRÜHLINGSBLÜHER

	Februar		März		April		Mai		Juni	
Winterlinge	■	■	■							
Schneeglöckchen	■	■	■	■						
Netzblattiris	■	■	■	■						
Krokusse	■	■	■	■						
Märzenbecher		■	■	■	■					
Hyazinthen		■	■	■	■					
Narzissen			■	■	■	■	■			
Tulpen			■	■	■	■	■	■		
Holländische Iris							■	■	■	■
Zierlauch							■	■	■	■

DREAMTEAM TULPEN & NARZISSEN

Tulpen und Narzissen gibt es in vielen Variationen mit sehr unterschiedlichen Blühzeiten. Während zum Beispiel Botanische Tulpen – auch Wildtulpen genannt – recht niedrig bleiben und schon sehr früh blühen, sind viele der gezüchteten Arten erst sehr spät mit der Blüte dran. Außerdem sind die Höhenunterschiede bei Tulpen sehr groß und das Farbspektrum riesig. So kannst du einen stetigen Wechsel gestalten und mit zahlreichen Farben spielen.

Späte Narzissen und frühe Tulpen schaffen eine gemeinsame Blüte.

Wichtig – vor allem bei Tulpen und Narzissen: Damit sie im nächsten Jahr genau so schön wieder kommen, ziehen die Zwiebeln alle Nährstoffe aus den welkenden Blattresten. Daher bei Tulpen direkt nach dem Verblühen die Köpfe abschneiden, da sich sonst Samen bilden und so viel Energie verloren geht. Das Laub von Tulpen und Narzissen sollte erst geschnitten werden, wenn es gelb und vertrocknet ist. Dann ist alle Energie aus der Pflanze in die Zwiebel gegangen und einer schönen Blüte im nächsten Jahr steht (fast) nichts im Weg.

DAS SPART ZEIT!

Achte bei Tulpen auf robuste Sorten oder pflanze Wildarten (Botanische Tulpen, wie zum Beispiel die *Tulipa turkestanica*), die jedes Jahr wieder kommen und sich auch gerne selbst vermehren. Dann musst du nicht in jedem Herbst neue stecken!

Mein Tipp

Du kannst dich für keine Farben entscheiden? Gestalte farblich unterschiedliche Beete mit verschiedenen Kombinationen wie zum Beispiel reinweiße Tulpen mit weißen Narzissen oder kombiniere zum Beispiel gelbe Narzissen mit lila Tulpen. Weitere Vorschläge findest du in meinen Pflanzplänen ab Seite 46.

EINJÄHRIGE SCHNITTBLUMEN

Ein Beet im Frühjahr ausgesät und im Sommer kann man fast jeden Tag einen neuen Blumenstrauß pflücken? Das geht ganz einfach mit einjährigen Schnittblumen! Neben Cosmeen, Zinnien und Sonnenblumen gibt es mittlerweile eine riesige Auswahl – davon viele in Farbvariationen, die weit weg vom bekannten Original sind.

AUSSAAT IM ALLGEMEINEN

Die meisten Schnittblumen werden im Frühjahr ausgesät. Dabei kann man sie entweder drinnen vorziehen oder später, nach den letzten Frösten im Mai, direkt im Beet aussäen. Der Vorteil vom Vorziehen im Haus ist, dass man starke vereinzelte Pflänzchen im Garten aussetzen kann und so auch eine wesentlich frühere Blüte erzielt.

Man unterscheidet zwischen Licht- und Dunkelkeimern. Die Samen von Lichtkeimern werden nur leicht auf der Erde angedrückt, während man Dunkelkeimer mit Erde bedeckt. Falls du Samen geschenkt bekommst und dir nicht sicher bist, erkennst du Lichtkeimer ganz einfach daran, dass ihre Samen sehr klein sind. Diese Info steht normalerweise aber auf jeder Samenpackung.

AUSSAAT IM SPEZIELLEN: COOL FLOWERS

Nicht alle Einjährigen sind kälteempfindlich. Die Cool Flowers, zu Deutsch „robuste Einjährige“, sind winterharte Sorten, die im Spätsommer oder Herbst ausgesät werden können. Auch eine Aussaat im zeitigen Frühjahr ist möglich. Einige brauchen sogar den Kältereiz, um zu keimen. Dabei kann man die Samen entweder direkt ins Beet aussäen oder in Töpfe, die dann aber ruhig draußen an einem geschützten Ort bleiben dürfen. Die meisten Sorten müssen allerdings nach der Aussaat noch ein wenig vor harten Frösten geschützt werden. Bei der Aussaat im Beet genügt dafür ein Stück Vlies.

Wer es gar nicht abwarten kann, sät die Cool Flowers drinnen aus. Man kann mit der Anzucht bereits im Februar beginnen und die vereinzelten Pflänzchen können dann ab April ins Beet. Die Samen keimen im Haus meist etwas schneller und die Pflänzchen sind beim Setzen in den Garten schon größer und blühen so auch früher.

→ **Frostharte Cool Flowers zur Aussaat im Freien:**
Kornblume, Feldrittersporn, Mohn, Jungfer im Grünen, Kornrade, Strahlenbreitsame

→ **Cool Flowers zur frühen Anzucht drinnen:**
Löwenmäulchen, Sommer-Phlox, Wilde Möhre, Stiefmütterchen, Ringelblume, Fingerhut, Levkojen, Irische Muschelblumen, Strohblumen, Strandflieder

DIE ANZUCHT...

... gelingt am einfachsten auf der Fensterbank in solchen Aussaatschalen mit Abdeckung. Sie halten die Feuchtigkeit in der Erde und begünstigen so die Keimung der Samen.

Die Pflanzenporträts zu vielen einjährigen Schnittblumen findest du ab Seite 132.

Eine Blumenwiese ist ein Paradies für Insekten!

SCHNITTBLUMEN-BASICS

→ Sorten wie **Einjähriger Rittersporn** und **Mohn** sollten direkt ins Beet gesät werden. Sie mögen es nicht, umgesetzt zu werden, da sie tief wurzeln.

→ Bei **Cosmeen** nach ein paar Wochen den mittleren Trieb ausbrechen, dann verzweigen sich die Pflanzen und bilden mehr Blüten.

→ **Tagetes** wachsen super zwischen Gemüse. Der Geruch vertreibt Schädlinge.

→ **Kapuzinerkresse** gibt es nicht nur in Gelb und Orange, sondern auch in Cremeweiß sowie Rot. Sie gilt als Lockpflanze – das heißt, sie zieht Schädlinge von anderen Pflanzen zu sich und macht sich deshalb auch sehr gut im Gemüsebeet.

→ Die Samen der **Duftwicke** solltest du am besten vor dem Pflanzen in Wasser quellen lassen, so keimen sie schneller. Auch hier den mittleren Trieb ausbrechen, damit sie sich verzweigen.

→ **Zinnien** treiben nach dem Schnitt immer wieder neue Blüten nach – da kann man viele Sträuße binden! Auch hier gibt es mittlerweile tolle Farben.

→ **Löwenmäulchen** haben eine lange Blütezeit und eine große Farbpalette – die Blüten sind sogar essbar!

→ Wer dachte, dass **Sonnenblumen** nur in Quietschgelb daherkommen, sollte sich mal die Sorten 'White Nite' und 'Abendsonne' anschauen!

→ Neben **Phlox** als mehrjähriger Staude gibt es die einjährigen Sorten des Sommer-Phlox, die eignen sich zur Aussaat. Hier liebe ich die pudrigen Farben der Sorten 'Crème Brûlée' und 'Cherry Caramel'.

→ Vergiss nicht, nach der Blüte die Samen einzusammeln. So ist die Aussaat für's nächste Jahr gesichert!

KOSMEEN

ZINNIEN

SONNENBLUMEN

WIE GESTALTE ICH EIN BEET MIT EINJÄHRIGEN?

Wer träumt nicht von einer Wiese, die den ganzen Sommer blüht? Das typische Blumenwiesen-Feeling erzielt man tatsächlich mit Einjährigen. Wer den Platz hat, kann sich also eine Ecke ausgucken und drauflos säen. So eine Fläche wird dann zu einer Weide für Bienen und eine Quelle für Blumensträuße bis zum Herbst.

In kleineren Gärten lassen sich mit den Einjährigen sehr gut Akzente in bestehenden Beeten setzen. Du hast eine Lücke, weil etwa die gesetzten Stauden noch nicht so richtig in die Puschen gekommen sind? Die lässt sich easy mit Einjährigen schließen. Da es die meisten in vielen verschiedenen Farben gibt, kannst du hier außerdem noch mal mit tollen Farbkombis punkten. Und wenn dir das Ergebnis nicht gefallen hat, kannst du im nächsten Jahr einfach einen anderen Mix ausprobieren.

Am richtigen sonnigen Standort blühen Dahlien unermüdlich. Wenn man sie schneidet, schieben sie immer wieder neue Blüten nach. Halte also die Blumenvase bereit!

DAHLIEN

Dahlien sind mit ihren großen üppigen Blüten und ihrer Farbvielfalt eigentlich aus keinem Garten wegzudenken. Sie gehören zu den Knollenpflanzen und werden nach den letzten Frösten Ende April/ Mitte Mai ins Beet gesetzt. Ihre Blüte beginnt Ende Juni und reicht bis zum ersten Frost. Dahlien sind allerdings nicht winterhart. Ihre Wurzelknollen müssen im Herbst ausgegraben und an einem dunklen, trockenen und kühlen Ort gelagert werden, damit man sie dann im Frühjahr wieder in die Erde bringen kann.

Da ich zu den faulen Gärtnerinnen gehöre, war mir das immer zu aufwendig. Ich habe deshalb jahrelang auf Dahlien verzichtet. Irgendwann packte mich dann doch das Dahlien-Fieber – ja, ich geb's zu, ich habe mich auf Instagram influencen lassen –, und jetzt wachsen immerhin ein paar Sorten in meinem Garten. Allerdings getreu dem Motto „Nur die Harten kommen in Garten", sodass ich die Knollen über Winter in der Erde lasse. Natürlich überleben das nicht alle, aber ein paar kommen immer wieder und den Rest pflanze ich im Frühjahr einfach neu. In kälteren Regionen müssen die Knollen aber unbedingt frostfrei überwintert werden.

DAHLIEN-BASICS

→ Dahlien mögen Sonne und sollten deshalb vollsonnig gepflanzt werden.

→ Pflanze sie nicht zu tief und achte darauf, dass der abgeschnittene Rest aus der Erde ragt.

→ Dahlien können im Kübel an einem frostfreien Ort vorgezogen werden, um eine frühere Blüte zu entfalten.

→ Ein Ausbrechen des mittleren Triebs, sobald die Pflanze ca. 30 cm groß ist, bewirkt, dass sie sich reicher verzweigt und mehr Blüten bildet.

→ Wenn man Verblühtes regelmäßig entfernt, kommen neue Blüten nach. Auch das Abschneiden von Blüten selbst regt deren Neubildung an – und so liefern sie noch dazu Sträuße den ganzen Sommer durch.

WIE ÜBERWINTERE ICH DAHLIEN?

Möglichst noch vor den ersten harten Frösten sollten die Knollen der Dahlien vorsichtig ausgegraben werden, am einfachsten geht das mit einer Grabegabel. Die Stiele auf 5 bis 10 cm kürzen und die Knollen von Erde befreien. Das Einlagern klappt am besten in einer Kiste mit Sand an einem trockenen, kühlen und frostfreien Ort. Die Dahlienknollen dürfen im Winter weder zu stark austrocknen noch zu feucht lagern, da sie sonst faulen können.

Dahlien lassen sich an einem warmen Ort ab März im Kübel vorziehen.

Ende April können sie dann ins Beet ziehen.

Mitteltrieb kappen, damit die Dahlie sich verzweigt und mehr Blüten bildet.

GRÄSER

Zu viele Blüten und zu schwere Blattstrukturen können einen schnell optisch erschlagen. Abhilfe schafft man mit Gräsern, die zu strenge Beete auflockern. Ich hatte anfangs nichts übrig für Gräser und habe ihre Schönheit erst sehr spät schätzen gelernt. Ich wollte Blüten über Blüten und musste dann aber feststellen, dass zarte Strukturen – wie eben bei Gräsern – den Blick ruhen lassen und für Abwechslung sorgen.

Gräser bringen Leichtigkeit und sorgen im Winter dafür, dass der Garten nicht leer aussieht.

GRÄSER FÜRS STAUDENBEET

Bei den Gräsern gibt es – wie bei den Stauden – eine schier unendliche Auswahl für wirklich jeden Standort. Alleine darüber könnte man ein ganzes Buch schreiben, daher gehe ich hier hauptsächlich auf die allgemeinen Ansprüche an Gräser ein, die sie meiner Meinung nach für einen Platz im pflegeleichten Garten erfüllen sollten.

Lampenputzergras (Pennisetum) 'Hameln'

Zu den wahrscheinlich bekanntesten Gräsern im Garten zählt wohl das **Lampenputzergras** *(Pennisetum)*, das in kaum einem Garten fehlen darf. Es hat eine angenehme Höhe (ca. 60–80 cm) für Staudenbeete und ist relativ pflegeleicht (darf nur nicht zu trocken stehen).

Rutenhirse *(Panicum)* und **Chinaschilf** *(Miscanthus)* dagegen gehören zu den größeren Sorten und können dank ihres dichten Wuchses und der Höhe sogar als Sichtschutz gepflanzt werden.

Chinaschilf (Miscanthus sinensis) 'Ferner Osten'

In den Pflanzenporträts ab Seite 126 stelle ich dir Gräser im Detail für jeden Standort vor.

Wer es leicht und fluffig im Beet haben möchte, greift auf **Federgras** *(Stipa)* zurück. Das weht sacht im Wind und lässt sich toll mit vielen Stauden kombinieren. **Wald-Schmiele** *(Deschampsia)*, **Berg-Reitgras** *(Calamagrostis varia)* und **Japanisches Berggras** *(Hakonechloa macra)* wiederum schmücken den Schatten und fühlen sich auch am Gehölzrand zur Unterpflanzung von Bäumen wohl. Vor allem das Japanische Berggras hat es mir angetan und es findet sich mittlerweile überall in meinem Garten.

Japanisches Berggras (Hakonechloa macra) 'Aureola' in Kombination mit Japanischem Blutgras (Imperata) 'Red Baron'

GRÄSER-BASICS

→ Wähle winterharte Sorten.

→ Ich achte bei meinen Gräsern besonders auf eine schöne Herbstfärbung.

→ Eine imposante Blüte ist mir ebenso wichtig, denn die bleibt den Winter durch stehen.

→ Entscheidend ist außerdem ein horstiger, nicht zu üppiger Wuchs.

GRÄSER PFLEGEN

Gräser sind eigentlich recht unkompliziert. Nach der Pflanzung sollten sie ausreichend gegossen werden, bis sie eingewachsen sind. Viele Gräser brauchen gut zwei Jahre, bis sie sich etabliert haben und ihre volle Schönheit zeigen. Im Frühjahr schneidet man die meisten Gräser handbreit über dem Boden zurück, damit sie neu austreiben können.

Mein Tipp

Früher hat man „Im März" als Zeitpunkt für den Gräser-Rückschnitt angegeben. Ich schneide zurück, sobald sich der erste grüne Austrieb zeigt.

GRÄSER TEILEN

Manche Gräser werden mit der Zeit zu groß und rauben anderen Pflanzen im Beet den Platz. Andere verkahlen von innen und treiben dann nicht mehr so schön aus oder werden blühfaul. Das Lampenputzergras ist so ein Kandidat und sollte deshalb alle paar Jahre, wenn die Blüte nachlässt, geteilt werden. Das ist bei Gräsern leider teilweise ein größerer Akt, da ihre Wurzeln steinhart sind. Am besten gräbst du dazu im Frühjahr nach dem Rückschnitt den kompletten Wurzelballen aus und teilst ihn mit einem scharfen Spaten.

DAS SPART ZEIT!

Wenn du mit dem Spaten nicht durchkommst, versuche es mit einer Säge! Ich musste bei dem Tipp auch erst mal lachen, aber es klappt tatsächlich super und ist besonders bei alten großen Lampenputzergras-Horsten eine große Hilfe!

KAPITEL 02

Keine ZEIT für BEET-gestaltung

Ein Beet neu anzulegen, haut einen schnell mal aus den Socken. Zunächst sind Größe und Form der Beete zu bestimmen. Und dann wartet viel Arbeit auf dich: alte Pflanzen oder gar Rasen entfernen, eine Umrandung anlegen … Das kostet viel Zeit. Mit ein paar einfachen Tricks lässt sich diese Arbeit aber wesentlich erleichtern, sodass du schnellstmöglich zum schönen Part gelangst: dem Arrangieren und Setzen der Pflanzen.

FORM UND GRÖSSE DES BEETS BESTIMMEN

Eine leere Fläche einzuteilen und zu füllen ist gar nicht so einfach: Wo fange ich an? Wie groß soll das Beet werden? Welche Form bekommt es? Damit du es einfacher damit hast, gibt es hier einige hilfreiche Arbeitsschritte für das Anlegen.

DIE ERSTEN (ARBEITS-)SCHRITTE ZUM BEET

Ich weiß nicht, wie es dir geht, aber Größenverhältnisse kann ich mir nur sehr schwer vorstellen. Was ist zu groß und was zu klein? Ich muss so was vor mir sehen, um sagen zu können „so passt es" oder „so gefällt es mir nicht". Du kannst dir gar nicht vorstellen, wie oft ich meine Beete in Form und Größe umgestaltet habe, weil sie mir nicht mehr gefallen haben. Einfach drauflos buddeln ist also definitiv nicht ratsam! Stattdessen verrate ich dir hier Step by Step, was dir das Anlegen garantiert erleichtert.

1 Überlege dir genau, wo dein neues Beet entstehen soll.

2 Nimm einen möglichst langen Gartenschlauch und lege damit einen Beetrand in der Form, die dein Beet später einnehmen soll.

3 Gehe ein paar Schritte zurück und betrachte die Form – am besten von verschiedenen Standorten aus.

4 Nun kannst du nachjustieren. Möchtest du zum Beispiel gerade Ränder oder lieber geschwungene?

5 Schiebe den Schlauch so lange zurecht, bis sich das Beet gut in den restlichen Garten einfügt.

Mein Tipp

Fotografiere die verschiedenen gelegten Versionen. Solches Anschauungsmaterial hilft bei der finalen Entscheidung.

Wenn man harte Grenzen (z. B. einen Zaun oder eine Mauer) hinter Pflanzen verschwinden lässt, verschwimmt die Grenze optisch und das Grundstück wirkt größer.

TYPISCHER FEHLER: BEETE ZU KLEIN ANLEGEN

Bei der Größenbestimmung solltest du darauf achten, dass das Beet nicht zu klein ausfällt! Den Fehler habe ich am Anfang gemacht und mein Randbeet zum Nachbarn sehr schmal angelegt, weil ich damals noch nicht so viel Rasen opfern wollte. Ein schmales Beet lässt sich aber nur sehr schwer bepflanzen und die Wirkung von Pflanzkombinationen ist in solchen schmalen Streifen meistens nicht so schön wie in breiteren Pflanzflächen. Ich kenne das nur zu gut. Unser Garten ist klein und der Platz beschränkt, aber gerade bei Staudenbeeten darf es gerne ein bisschen mehr sein. Seit ich meine Beete vergrößert habe, war eine der häufigsten Reaktionen darauf: Dein Garten sieht jetzt viel größer aus!

KURVEN BIETEN MEHR PLATZ UND LASSEN DAS BEET HARMONISCHER WIRKEN.

WIE WERDE ICH DEN RASEN LOS?

Ein schöner Rasen ist für viele das Sinnbild eines tollen Gartens und in einem Familiengarten nicht wegzudenken. Einen eingewachsenen Rasen für Beete zu entfernen ist deshalb gar nicht so einfach. Gründe sind meist eine gute Verwurzelung und streikende Familienmitglieder.

WIE VIEL RASEN BRAUCHE ICH WIRKLICH?

Die Größe des Rasens ist ein ewiges Streitthema mit Mann und Kindern. Ich persönlich könnte ja komplett auf Rasen verzichten, aber mein Mann liebt seinen Rasen und die Jungs brauchen den Platz noch zum Spielen. Also bin ich dazu übergegangen, heimlich still und leise immer mal wieder ein Stück Rasen für größere Beete verschwinden zu lassen. Hat keiner so wirklich gemerkt und es ist immer noch genug Platz zum Toben da.

VARIANTE 1: ABTRAGEN

Es gibt mehrere Möglichkeiten, das dichte Grün loszuwerden. Die effektivste und leider auch anstrengendste Methode ist das Abtragen der Grasnarbe. Dabei wird der Rasen inklusive Wurzeln mit dem Spaten abgehoben. Versuche dabei so viel Erde wie möglich aus den Wurzeln herauszuklopfen. Der Rest Gras und Wurzeln kann auf den Kompost oder im Garten verteilt werden.

MUSS ES WIRKLICH...

... so viel Rasen sein oder kann man hier und da mal eine Ecke für ein Staudenbeet abzweigen?

Der Rasen lässt sich mitsamt Wurzeln in Stücken lösen.

VARIANTE 2: AUFSCHÜTTEN

Alternativ kann man den Rasen mit Zeitungspapier oder Pappe abdecken und mit Erde aufschütten. Das führt aber dazu, dass man zum einen sehr viel Erde besorgen muss und zum anderen, dass sich ein Einpflanzen von größeren, tiefer sitzenden Pflanzen kompliziert gestaltet. Unterm Strich ist der Arbeitsaufwand ähnlich. Ich würde daher definitiv immer dazu raten, die Grasnarbe abzutragen.

Ist der Rasen erst mal weg, kann man das Beet mit Kompost oder Pflanzerde anreichern. Je nach Bedingungen lässt sich der Boden so auch noch anpassen und verbessern. Einem zu lehmigen Boden (wie meinem) würde ich bei der Gelegenheit gleich ein bisschen Sand beimischen. Das macht die Arbeit später um einiges einfacher. Außerdem kann man dabei auch einen organischen Langzeitdünger ausbringen.

DAS SPART ZEIT!

Ist der Boden unter dem Rasen stark verdichtet und hart, wässere den Bereich am Vorabend gründlich! Das macht die Arbeit am nächsten Tag wesentlich leichter.

Mein Tipp

Die ausgestochenen Grasnarben eignen sich perfekt als Zwischenschicht im Hochbeet oder in anderen Beeten. Bitte immer mit der Grasseite nach unten legen. Das Gras verrottet so und gibt dabei Nährstoffe an den Boden ab.

Um den verdichteten Boden unter dem Rasen etwas anzureichern, arbeitet man am besten etwas Kompost und Sand unter. Das macht den Boden durchlässiger.

DIE RANDGESTALTUNG

„Warum brauche ich überhaupt sowas wie eine Beetumrandung?“ Mir war das früher völlig schnuppe, bis mir der Rasen ins Beet gewachsen ist und Stauden in Wege gekrochen sind. Da erschloss sich mir der Sinn einer Beetkante!

EINE KANTE FÜR JEDEN GESCHMACK

Die Beetkante dient als Barriere zwischen Rasen oder Wegen und dem eigentlichen Beet. Die erste Version einer solchen Kante bei mir war der Supergau, da sie von einem Gartenbauunternehmen auf Lebenszeit einbetoniert wurde. Die haben echt keine halben Sachen gemacht. Davon kann ich nur abraten, da sich der Geschmack ändert und man vielleicht doch irgendwann einen Schwung im Beet statt einer geraden Kante haben möchte.

Rand ganz ohne Begrenzung (Englische Rasenkante)

Saubere Rasenkante aus einfachen kleinen Natursteinquadern

Es gibt viele verschiedene Möglichkeiten, eine solche Kante zu gestalten – fast alle haben ihre Vor- und Nachteile. Beim Anlegen der Rasenkanten machte ich auch zum ersten Mal die Bekanntschaft mit einem **Rasenkantenstecher**. Ich dachte immer, ein Spaten reicht völlig aus, aber wenn du einmal einen Rasenkantenstecher verwendet hast, bleibt der Spaten in der Ecke stehen. Damit geht es nämlich tatsächlich nicht nur wesentlich einfacher, du bekommst so außerdem eine kerzengerade Kante hin!

DAS SPART ZEIT!

Entscheidest du dich für eine Steinkante entlang des Rasens, dann lege sie ein Stückchen tiefer an. So kannst du mit dem Rasenmäher über die Kante fahren und du sparst dir die Nachbearbeitung mit einem Rasenkantentrimmer.

VOR- & NACHTEILE DER VERSCHIEDENEN BEETKANTEN

	Beschreibung	Vorteile	Nachteile
Pflaster- oder Back-steine	Eine mit Pflastersteinen gesetzte Kante macht wenig Arbeit, da man sie einfach in ein Sandbett oder direkt in die Erde setzen kann. Rundungen lassen sich sehr einfach gestalten und der Beetform sind so keine Grenzen gesetzt.	→ Lässt sich super schnell rausnehmen und neu arrangieren → Sieht natürlich aus → Rundungen lassen sich einfach gestalten	→ Die Kante ist nicht „dicht“, der Rasen kann zwischen den Steinen durchwachsen und man muss immer mal wieder nachstechen
Metall oder Kunst-stoff	Sie lassen sich sehr einfach verlegen. Beete bekommen damit einen tollen Schwung. Diese Art der Rasenkante verschwindet optisch fast komplett im Beet.	→ Rasen wächst garantiert nicht durch, man hat einen sauberen Abschluss zwischen Beet und Rasen → Rundungen lassen sich einfach gestalten	→ Der Abschluss ist ganz fein, daher wachsen Stauden drüber und es gibt Probleme beim Rasenmähen, wenn man zu dicht an die Kante gepflanzt hat
Mäh-kanten-steine	Diese Steine sind flach und man kann sie recht einfach als Kante einarbeiten. Rundungen lassen sich durch die abgerundeten Enden leicht legen. Geraden und spitze Ecken dagegen sind problematisch.	→ Sind schnell verlegt und sehr flexibel einsetzbar → Sorgen für einen sauberen Abschluss, der sich gut mähen lässt	→ Steine liegen nur auf und sind nicht fest im Boden, deshalb heben und senken sich einzelne Steine mit der Zeit und die Optik leidet
Rand- oder Tief-bord-steine	Ist dein Garten eher geradlinig ohne Rundungen, dann bieten sich definitiv Rand-/Tiefbordsteine an. Das sind lange Steine, mit denen man schnell eine gerade Kante schaffen kann. Hier gibt es günstige Betonvarianten oder etwas teurere Ausführungen in Naturstein.	→ Wer die Naturstein-Variante wählt, erhält eine schicke natürliche Optik → Durch die langen Steine wächst lediglich an den Kanten mal was durch	→ durch die Länge lassen sich keine kleinen Rundungen legen → durch die Größe sind sie sehr schwer
Englische Rasen-kante	Hier wird der Rasen zum Beet einfach abgestochen und das Beet überhaupt nicht eingefasst. Es gibt einen fließenden Übergang vom Rasen zum Beet.	→ Kostet nichts, außer Zeit und Arbeit → Sieht sehr natürlich aus	→ Sehr arbeitsintensiv, da natürlich immer wieder nachgestochen werden muss, damit der Rasen nicht ins Beet wächst und die Kante sauber aussieht

KAPITEL 03

Keine ZEIT zu PLANEN

Eine leere Fläche zu füllen erfordert immer ein bisschen Kreativität und Planung. Aber im Grunde genommen ist es dein Beet und du kannst pflanzen, was und wie du willst. Und wenn man es genau nimmt, gibt es nur eine wichtige Vorgabe: Ich will alles sehen können, was ich gepflanzt habe. So handhabe ich das schon seit Jahren und nach diesem Prinzip habe ich auch die folgenden Pflanzpläne entworfen.

WIE VERTEILE ICH DIE STAUDEN?

Ich ordne Stauden immer nach einer klassischen Höhenstaffelung an: Hohe Pflanzen kommen nach hinten beziehungsweise bei Inselbeeten in die Mitte des Beets, und nach vorne werden sie immer niedriger. Das ist einfach umzusetzen und gerade bei kleineren Beeten ratsam.

WAS SIND LEITSTAUDEN, BEGLEITSTAUDEN UND FÜLLSTAUDEN?

Oft liest man die Begriffe Leitstauden, Begleitstauden und Füllstauden. In der folgenden Liste gehe ich kurz darauf ein, damit du weißt, um welche Stauden es sich dabei genau handelt. Da es innerhalb der Unterteilung Überschneidungen und fließende Übergänge gibt, sollte sie nur als grober Anhaltspunkt dienen.

	Bedeutung	Staudenbeispiele	
Leitstauden	Leitstauden sind sehr hohe, prächtige Gewächse, die den Blick auf sich ziehen. Sie kommen in den Beethintergrund oder in die Mitte des Beets bei Inselbeeten. Es reicht meistens schon **eine Pflanze**, um Wirkung zu erzielen.	→ Rittersporn → hohe Herbstastern → Herbst-Anemone → Pfingstrosen	→ opulente Gräser wie Chinaschilf → Silberkerze → hohe Indianernesseln
Begleitstauden	Begleitstauden – wie der Name schon sagt – begleiten und umspielen die großen Blüher. Sie sind niedriger (50–60 cm) und unterstützen die Leitstauden in Farbe und Blühzeit. **5 bis 8 Pflanzen** pro Sorte solltest du hier einplanen.	→ Fetthenne → Purpursonnenhut → Flammenblume → Ziersalbei	→ Katzenminze → Ziest → Storchschnabel → Sterndolde
Füllstauden	Füllstauden erfüllen den Zweck, Lücken im Beet zu schließen. Es handelt sich meist um niedrige bodendeckende Stauden, die sich auch gut am Beetrand machen. **5 bis 15 Pflanzen** sind hier angebracht.	→ Bergenien → niedrige Storchschnabelarten	→ Frauenmantel → Purpurglöckchen

WIE VIELE STAUDEN BRAUCHE ICH?

Mit der Anzahl der Stauden, die insgesamt in ein Beet gesetzt werden, habe ich mich immer schwer getan. Zu jeder Staude gibt es zwar eine genaue Angabe, wie viele davon pro Quadratmeter gepflanzt werden, um die Oberfläche zu bedecken, doch wie viele Pflanzen setze ich von einer Sorte, damit eine Wirkung entsteht? Die Angaben in der Tabelle sind gängige Richtwerte pro Quadratmeter und müssen je nach Beetgröße entsprechend hoch- oder runtergerechnet werden. Logisch, denn in ein großes Beet kann ich viel mehr Pflanzen einer Sorte setzen als in ein kleines.

Eine Option ist, das Beet auszumessen und dir einen **Plan auf Papier** zu machen. So lässt sich die Anzahl ganz gut ermitteln. Wie du die Stauden letztendlich arrangierst, entscheidet sich am besten direkt im Beet: Stell die gekauften Stauden in ihren Töpfen ins Beet. Dann siehst du auch schnell, wo und ob noch eine Pflanze fehlt.

Stauden vor dem Setzen erst mal ins Beet stellen und sich einen Überblick verschaffen. So kann man ab- und zugeben, denn nicht immer lässt sich ein Pflanzplan genau wie auf dem Papier realisieren.

Bei der hohen Aster handelt es sich um nur eine Pflanze! Nach 3 Jahren hat sie eine immense Größe erreicht.

- → Mein Richtwert ist **mindestens drei Stauden** von einer Sorte – man sagt, eine ungerade Zahl wirkt bei geringer Pflanzenzahl gefälliger im Beet.
- → Bei großen **Leitstauden** reicht aber schon eine einzige, um eine tolle Wirkung zu erzielen – achte auf die Angaben im Pflanzenporträt.
- → Im **Beetvordergrund** braucht es fünf bis acht von den kleineren Stauden, um eine geschlossene Fläche zu erzielen.
- → Du kannst die Stauden in **Tuffs** (kleine Gruppen) oder in **Drifts** (Bänder) pflanzen.
- → Während Tuffs Beete natürlicher wirken lassen, schaffen Bänder insbesondere am Rand akkurate Begrenzungen.

Mein Tipp

Es macht Sinn, gleiche Stauden innerhalb großer Beete zu wiederholen. Auch das ist ein Trick, um Ruhe ins Beet zu bringen. Zu viele verschiedene Sorten lassen schnell ein undurchsichtiges Durcheinander entstehen.

DIE PRACHT-KERZE …

… blüht den ganzen Sommer durch. Mit den Dahlien bilden sich schöne Kontraste durch die unterschiedlichen Blütengrößen. Im Herbst kommen die Astern dazu und sorgen farblich nochmal für einen regelrechten Rausch im Garten!

EINTEILUNG IN BLÜHZEITEN

Neben der Farbgestaltung waren für mich die Blühfolgen immer das Komplizierteste in der Beetgestaltung, dabei lege ich darauf tatsächlich den größten Wert. Leider ist es unmöglich, ein das ganze Jahr komplett über blühendes Beet anzulegen, dabei ist es doch genau das, was man sich am meisten wünscht. Mit **Dauerblühern** lässt sich das aber zumindest ansatzweise umsetzen. Diese Lösung ist die einfachste und gerade für Anfänger*innen nicht die schlechteste – ich habe schließlich auch so gestartet. Das kann jedoch mit der Zeit und mit zunehmender Pflanzsicherheit im Garten langweilig werden. Man kriegt tatsächlich schneller als gedacht den Durchblick – und dann kann man das Beet immer noch nach **Blühfolgen** umgestalten.

Auf Seite 124 findest du zur Erleichterung deiner Planung einen Blühkalender für Stauden. So kannst du Blühlücken schnell schließen.

Fängt schon im Dezember/ Januar an zu blühen: die Schneerose (*Helleborus x glandorfensis*) 'Ice N'Roses'.

Neben den Astern gehört auch die Fetthenne zu den späten Blühern.

Mein Tipp

Achte darauf, dass immer zumindest irgendwas blüht und die Stauden, die gerade nicht in Blüte stehen, wenigstens noch einen schönen Blattschmuck liefern. Am Anfang fällt das sehr schwer, da man die Blühzeiten natürlich nicht alle im Kopf hat, aber schon nach dem ersten Gartenjahr weiß man ungefähr, was wann blüht und kann zur Not auch noch mal umsetzen, wenn es nicht ganz so gut passt.

EINTEILUNG IN FARBEN UND FORMEN

Ich bin bekennende Gelbphobikerin im Garten, obwohl ich in den letzten Jahren etwas milder diesbezüglich geworden bin. Es bleibt natürlich dir selbst überlassen, welche Farben du in deinen Garten pflanzt, aber ich schaue, dass ich ein gewisses Farbschema einhalte (bei mir ist das blau, lila, weiß, pink – mit allen Zwischenstufen). Für mich ist das deshalb wichtig, da so die Beete harmonisch wirken. Bei zu vielen Farben wird es mir zu wild.

Wenn man allerdings zu **Komplementärfarben** greift, kann man eine tolle Wirkung erzielen und so sieht ein Limettengelb neben einem dunklen Lilaton wirklich beeindruckend aus. Daher kann selbst ich nicht ganz die Finger von der Farbe Gelb lassen.

Dauerblüher Storchschnabel 'Rozanne' mit dem Mädchenauge 'Moonbeam'

Bei **Blüten- und Blattformen** achte ich darauf, dass sich spannende Strukturen und Kontraste ergeben. So versuche ich, immer unterschiedliche Blütenformen nebeneinander zu platzieren: Storchschnabel neben Katzenminze, Astern neben Fetthenne und Salbei. Und auch

beim Laub kann man schauen, dass es nicht zu langweilig wird. Die wuchtige Funkie 'Elegans' bekommt bei mir einen leichten Ausgleich mit dem Bambus und dem Japanischen Berggras und auch eine Bartiris kann mit ihren schwertförmigen Blättern eine schöne Struktur im Beet schaffen. Also keine Angst vor Grün, denn diese Bereiche lassen das Auge ruhen.

CHECKLISTE BEETEINTEILUNG

- → Größe des Beetes festlegen
- → Leitstauden aussuchen
- → Begleitstauden dazu passend wählen – hier besonders auf Blühzeiten und Farben achten und dementsprechend platzieren
- → genügend Füllstauden finden, um Lücken zu schließen
- → darauf achten, dass man nicht zu viele verschiedene Stauden wählt – Wiederholungen bringen Ruhe ins Beet!
- → Stauden auf dem Beet (oder erst mal grafisch auf Papier) verteilen
- → Stauden pflanzen

PFLANZPLÄNE

Anhand der Pläne kannst du ein Gespür bekommen, wie man Stauden kombiniert und Beete bepflanzt, sodass sie das ganze Jahr blühen. Sieh sie als Anregung und Inspiration, denn Pflanzpläne eins zu eins zu übernehmen ist nicht so einfach.

PLÄNE ABWANDELN

Dein Beet besitzt in den seltensten Fällen exakt die gleichen Maße wie im Pflanzplan und jede*r hat einen anderen Boden im Garten. Versuche, die vorgeschlagenen Pflanzen anhand deiner Bedürfnisse zu kombinieren und einzusetzen. Ist dein Beet größer? Dann nimm einfach mehr von einer Sorte. Gefällt dir eine Farbe nicht? Viele Stauden gibt es in unterschiedlichen Farbvariationen – pick dir deinen Liebling raus.

SCHÖNE BEETE – DAS GANZE JAHR

Bei meiner Pflanzenauswahl lege ich nicht nur Wert auf eine üppige Blüte. Mir ist es außerdem auch sehr wichtig, dass im Winter noch etwas im Beet zu sehen ist und ich in der kalten Jahreszeit nicht auf eine leere Fläche schaue. Das habe ich in den Plänen berücksichtigt, pflegeintensive Stauden gebe ich dir dabei als Alternative an oder kennzeichne sie speziell – dann kannst du selbst entscheiden, ob es dir den Aufwand wert ist.

WIE DICHT PFLANZT MAN STAUDEN?

Da ich oft gefragt werde, wie viele Stauden man von einer Sorte setzen soll und wie dicht sie ins Beet kommen, packe ich dir diese Infos zum Nachschlagen in die Staudenporträts (ab Seite 106). Dort findest du auch die zugehörigen deutschen Pflanznamen, da ich in den Pflanzplänen lediglich die botanischen Namen angebe. Ich pflanze generell gerne etwas dichter, da ich es nicht mag, wenn man auf braune Erde schaut. Bei den meisten Stauden ist das auch gar nicht so schlimm, da man immer mal ein Stück wegnehmen kann, wenn es zu eng wird und so, ohne viel Arbeit, die Stauden gleichzeitig vermehrt. Eines solltest Du aber im Hinterkopf behalten: Die Stauden sehen im Frühjahr in kleinen Töpfchen winzig aus, erlangen im Laufe der Saison aber eine stattliche Größe!

AUF DEN STANDORT ACHTEN

Nicht jede Staude wächst gleich, nicht jeder Standort ist überall gleich und vor allem ist die Beschaffenheit des Bodens oft unterschiedlich. Ich versuche, so viele Infos wie möglich in die Pläne zu packen, damit du die meisten Stolperfallen bei der Umsetzung umgehen kannst. Aber ich kann es nicht oft genug betonen: Nicht frustriert sein, wenn eine Staude mal nicht so wächst, wie sie soll. Auf keinen Fall aufgeben und einfach in der nächsten Saison noch einmal versuchen.

EIN PLATZ AN DER SONNE

Hier kannst du bei der Staudenauswahl in die Vollen greifen, da für sonnige Standorte die Auswahl mit Abstand am größten ist. In der vollen Sonne lassen sich üppig blühende Beete anlegen, allerdings hat dieser Bereich auch seine Tücken. Da hier wirklich den ganzen Tag die Sonne ankommt, ist es oft sehr trocken. Dem wirkst du am einfachsten mit einer dichten Bepflanzung mit möglichst trockenheitsresistenten Stauden entgegen, da so die Feuchtigkeit besser im Boden gespeichert werden kann und die Verdunstung geringer ist. Es ist immer schwer, Pflanzpläne eins zu eins zu übernehmen. Daher sieh sie als Anregung und Inspiration.

SONNE

INSELBEET AN DER TERRASSE

Beete an der Terrasse sind im Sommer durch die oft vollsonnige Lage und den Terrassenbelag sehr heiß und trocken. Vor allem an den Beeträndern sollte man zu Stauden greifen, die gut mit extremer Hitze und Trockenheit klarkommen. Da man diese Beete eigentlich immer im Blickfeld hat, macht es Sinn sie so zu bepflanzen, dass sie zu jeder Jahreszeit gut aussehen und sich bestenfalls verändern, damit es nicht langweilig wird.

Sehr wichtig ist hier die Auswahl an standfesten Stauden, denn es wäre nicht so schön, wenn das halbe Beet im Laufe der Gartensaison auf der Terrasse liegt oder durch geneigte Blüten Wege versperrt. Bei mir stehen hier robuste Stauden in einer klassischen Höhenstaffelung, die auch mal einen Fußballtreffer aushalten.

An meiner Terrasse befindet sich eine reine Staudenpflanzung (mit einem Gras). Damit es hier im Herbst und Winter nicht völlig leer ist, wird erst im Frühjahr zurückgeschnitten. Die im Pflanzplan gelisteten Stauden sind standfest und bilden wunderschöne Samenstände – sie sind fast alle recht hoch, damit man sie von der Terrasse aus immer gut im Blick hat.

Frühsommer: Der Salbei passt farblich super zum Brandkraut und zum Rosa Leinkraut. Alle drei Stauden geben dem Beet die Höhe, die es braucht und sind nicht nur für uns attraktiv, auch die Bienen stehen voll drauf!

Im **Herbst** übernehmen die Astern das Beet und werden ergänzt durch die Samenstände von Brandkraut und Indianernessel. Und im **Winter** kann sich das Beet dank der strukturgebenden Samenstände sehen lassen!

Zum Beetplan geht's hier entlang!

Tulipa ‘Havran’ — ***Narcissus*** ‘Thalia’, ‘Dancing Moonlight’, ‘Moschatus’ und ‘Regeneration’ — ***Crocus tommasinianus*** — ***Allium*** ‘Purple Sensation’ — ***Iris reticulata*** ‘Purple Gem’

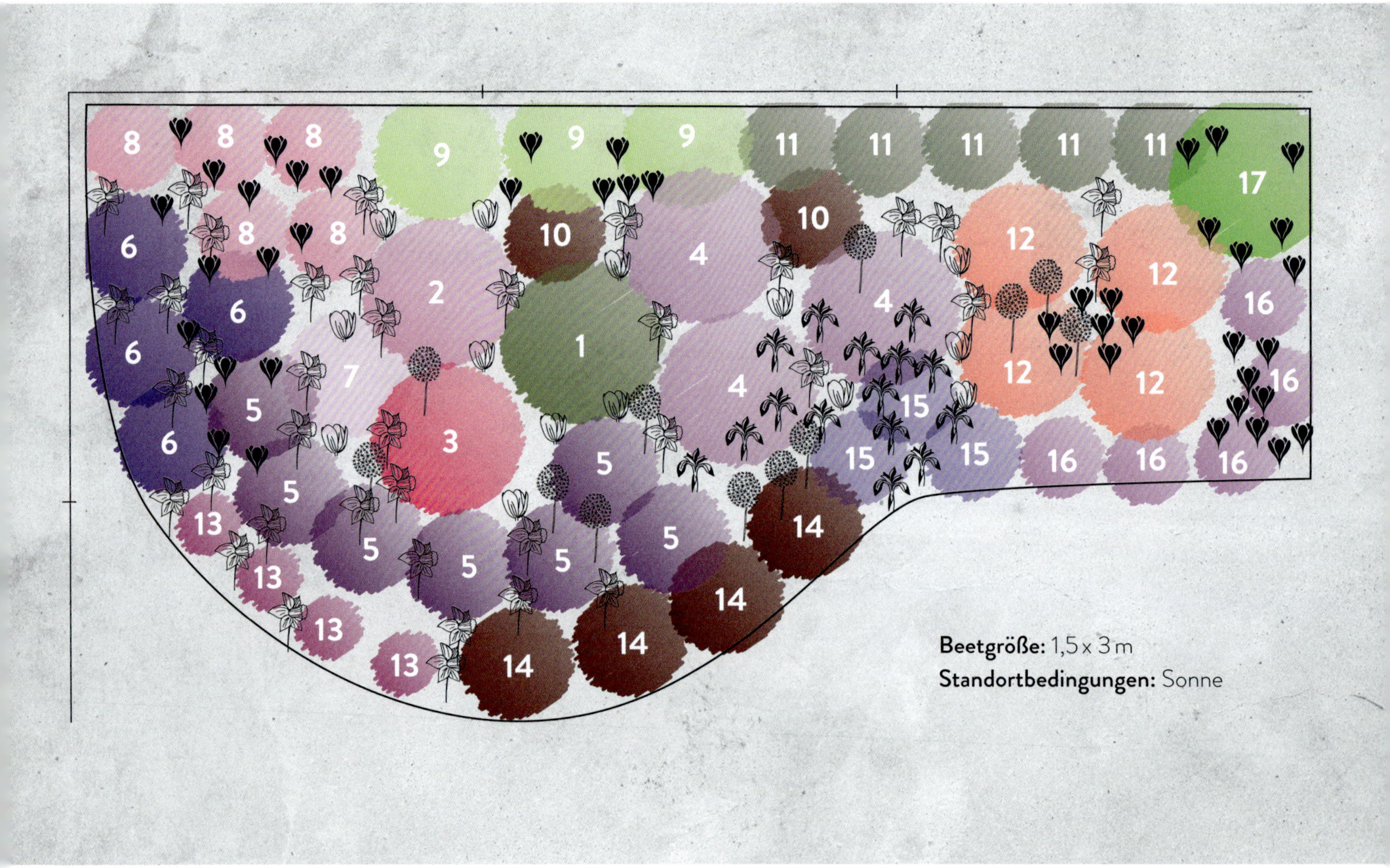

1 ***Miscanthus sinensis*** **‘Ferner Osten’ (1x)** mit einer Blüte von September bis Oktober und einer unschlagbaren Färbung im Herbst. Eine schöne Alternative wäre *Miscanthus sinensis* ‘Gracillimus’.

2 ***Monarda fistulosa*** **‘Beauty of Cobham’ (1x)** besitzt eine üppige Blüte von Juli bis September mit standfesten Stängeln, die bis zum Frühjahr das Beet schmücken.

3 ***Aster novae-angliae*** **‘Barr’s Pink’ (1x)** blüht von September bis Oktober. Diese Aster gibt es auch in einer blauen Variante mit dem Namen ‘Barr’s Blue’. Auch sie füllt das Beet den Winter über.

4 ***Phlomis tuberosa*** 'Amazone' (3x) blüht von Juni bis Juli – eine unverzichtbare Staude im Herbst und Winter, da ihre Samenstände eine absolute Zierde im Beet sind.

5 ***Salvia nemorosa*** 'Caradonna' (7x) blüht gleich zweimal von Juni bis Juli und erneut, nach Rückschnitt, bis September.

6 ***Aster amellus*** 'Veilchenkönigin' (4x) schmückt von August bis zum ersten Frost mit auffälligen blauvioletten Blüten das Beet.

7 ***Linaria purpurea*** 'Canon J. Went' (1x) ist ein Dauerblüher von Juli bis Oktober – dringend nach der Blüte schneiden, da sich dieses Leinkraut sonst schnell versamt.

8 ***Aster dumosus*** 'Rosenwichtel' (5x) ist meine liebste Randbepflanzung für den Herbst mit Blütenteppichen von September bis Oktober. Wer's lieber blau mag, kann zur *Aster dumosus* 'Prof. Anton Kippenberg' greifen.

9 ***Scabiosa columbaria*** 'Pink Mist' (3x) blüht von Juli bis Oktober – auch hier gibt es Farbvarianten in Blau und Weiß.

10 ***Cosmos atrosanguineus*** (2x) – die Schokoladen-Cosmea ist leider nicht winterhart, ich habe sie trotzdem jedes Jahr im Beet und schätze ihre Blüte von Juli bis Oktober.

11 ***Geranium x cantabrigiense*** 'Cambridge' (5x) schmückt mit pinkfarbenen Blüten von Mai bis Juli meine Beetränder. Die Pflanze breitet sich recht schnell aus, dafür ist sie absolut anspruchslos und kann auch einfach im Zaum gehalten werden.

12 ***Sedum telephium*** 'Herbstfreude' (4x) ist die standfesteste unter den *Sedum*-Sorten mit einer Blüte von September bis Oktober und attraktiven Samenständen.

13 ***Geranium cinereum*** 'Ballerina' (4x) ist klein, aber fein, mit langer Blütezeit von Juli bis September.

14 ***Euphorbia amygdaloides*** 'Purpurea' (4x) bildet limettengelbe Blüten von April bis Juni, die einen tollen Kontrast zum Salbei 'Caradonna' bieten. Immergrüne Staude!

15 ***Agastache rugosa*** 'Black Adder' (3x) blüht von Juli bis September und liefert zusätzlich attraktive Samenstände.

16 ***Thymus serpyllum*** (5x) – dieser kriechende Thymian zieht mit seinen Blüten von Juni bis August Bienen an.

17 ***Erigeron karvinskianus*** (1x) – das Spanische Gänseblümchen blüht von Mai bis Oktober und wächst in der kleinsten Ritze! Hitze macht ihm überhaupt nichts aus.

HERBST

FRÜH-SOMMER

WINTER

SONNE

INSELBEET MIT GEHWEG

Auch hier gilt es, standfeste Stauden auszuwählen, damit nichts den Weg versperrt. Wenn man Stauden geschickt mit Gehölzen kombiniert, erzielt man eine „stabile" Höhe. Bei diesem Beet weiche ich deshalb von der reinen Staudenbepflanzung ab. Hier wächst eine Edelrose und eine Zwergnektarine, die im Spätsommer zum Naschen einlädt.

Beetgröße: 2,5 x 1,2 m **Standortbedingungen:** Sonne

Tulipa 'Muscadet'

Narcissus 'Queen Beatrix' und 'Dancing Moonlight'

Crocus tommasinianus

Iris reticulata 'Purple Gem'

A ***Edelrose*** 'Andre Le Notre' (1x) bildet von Juni bis zum Frost Blüten, wenn man Verblühtes immer wieder kappt. Ihr Duft ist ein Traum!

B ***Rosmarinus officinalis*** (1x) blüht von April bis Juni. Für kältere Regionen alternativ *Sedum telephium* 'Herbstfreude', das im September und Oktober blüht und im Winter noch sehr dekorativ im Beet steht.

C ***Prunus persica*** **var.** ***nucipersica*** (1x) – die kleine Zwergnektarine blüht im April/Mai und trägt Früchte ab Ende August.

1 ***Sedum telephium*** 'Herbstfreude' (3x), mein Alleskönner im Garten, blüht von September bis Oktober mit anschließenden attraktiven Samenständen. Alternative mit dunklem Laub wäre *Sedum telephium* 'Matrona'.

2 ***Geranium pratense*** 'Midnight Reiter' (3x) ist mit dem dunklen Laub und den blauen Blüten von Juni bis August ein echtes Highlight in diesem Beet.

3 ***Lavandula angustifolia*** 'Hidcote Blue' (8x) – dieser Lavendel sollte nach einer ersten Blüte von Juni bis Juli zurückgeschnitten werden, damit er im August erneut blüht.

4 ***Salvia nemorosa*** 'Caradonna' (2x) – auch hier verhilft Rückschnitt nach der ersten Blüte (Juni/Juli) zu einer erneuten Blüte bis September.

5 ***Tagetes*** 'Kilimandscharo' (4x) ist einjährig und blüht im Beet ausgesät von Juni bis Oktober. Als Alternative passt *Phlox paniculata* 'David' (Blüte Juli bis September), der allerdings nicht ganz so unkompliziert ist.

6 ***Pulsatilla vulgaris*** (1x) blüht von März bis April und bildet danach dekorative Samenstände.

7 ***Salvia nemorosa*** 'Schneehügel' (2x) liefert eine erste Blüte im Juni/Juli und nach Rückschnitt eine zweite Blüte bis September.

8 ***Pennisetum alopecuroides*** 'Hameln' (2x) als Strukturgeber im Winter – eine Alternative wäre die Sorte 'Cassian'. Sie wird etwas höher (Blüte von Juli bis Oktober, färbt sich im Herbst gelbbraun).

PREISWERTES XXL-INSELBEET

Das ist mein Traumprojekt, das ich umsetzen möchte, wenn die Kinder den Rasen mal nicht mehr zum Fußballspielen brauchen und der Aufstellpool Geschichte ist! Bei einer solchen Größe geht das aber auch ganz schön ins Geld, daher gebe ich dir hier ein paar Tipps mit, wie du dir selbst deine Stauden für so ein Beet ziehen kannst. Ausführliche Infos zum Thema Vermehrung findest du ab Seite 96.

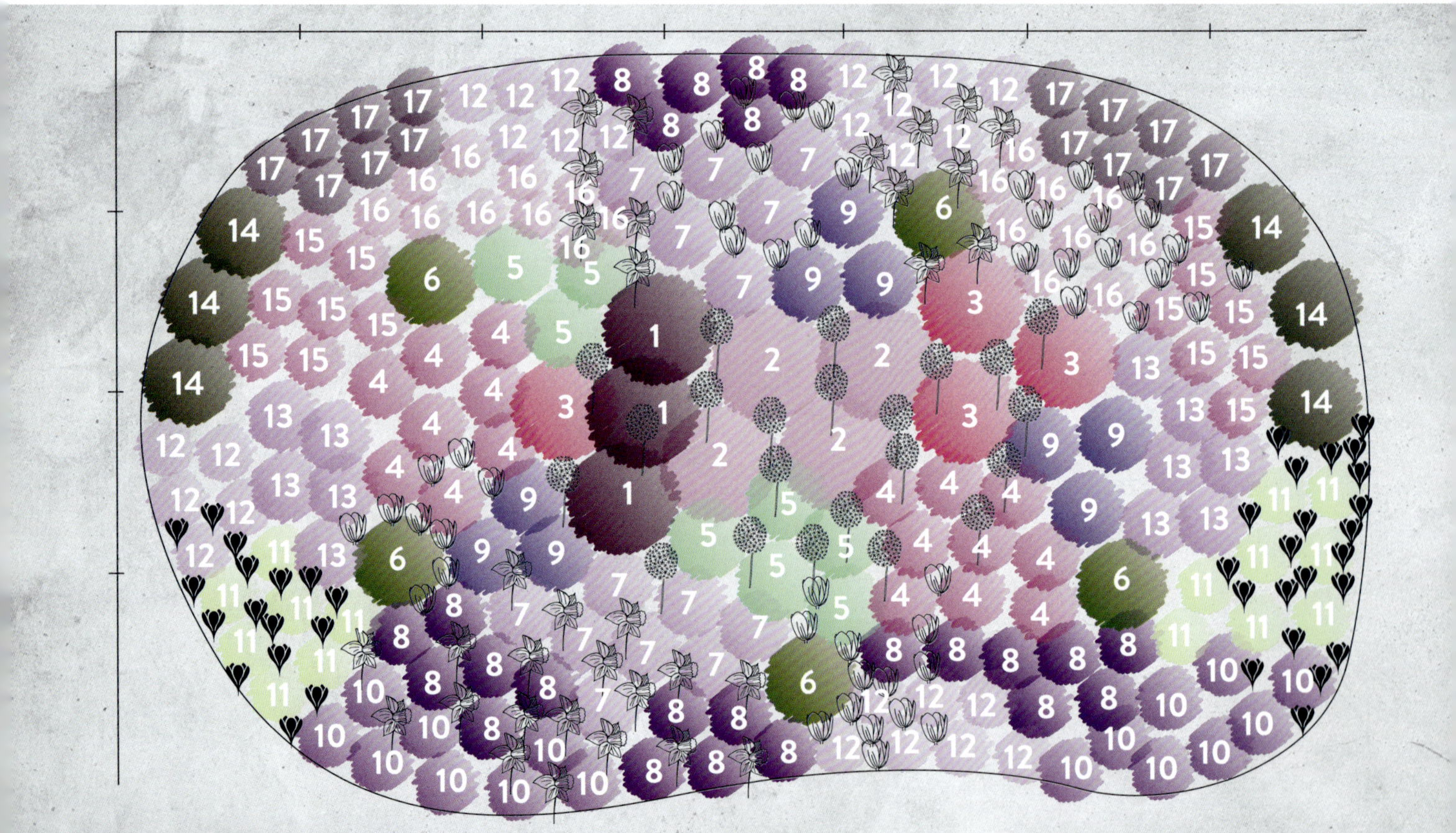

Beetgröße: 7 x 4 m **Standortbedingungen:** Sonne

 ***Tulipa*** 'Havran', 'Queen of Night'

 ***Narcissus*** 'Thalia', 'Dancing Moonlight'

 ***Crocus tommasinianus***

 ***Allium*** 'Purple Sensation'

---

1 ***Salvia*** **'Amistad' (3x)** nimmt riesige Ausmaße an. Dieser Salbei blüht ewig von Juni bis zum Frost. Er ist nur bedingt winterhart.

2 ***Phlomis tuberosa*** **'Amazone' (4–5x)** blüht von Juni bis Juli und schmückt für den Rest des Jahres das Beet mit seinen Samenständen.

3 ***Aster novae-angliae*** **'Barr's Pink' (4x)** blüht von September bis Oktober. Blaue Variante: 'Barr's Blue'. Eignet sich gut für Stecklinge und lässt sich einfach vermehren.

4 ***Echinacea purpurea*** **(17x)** – die Blüten (Juli bis September) wie auch die Samenstände sorgen lange für Struktur im Beet. *Echinacea* lässt sich super aussäen.

5 ***Gaura lindheimeri*** **(8x)** blüht von Juni bis Oktober fast parallel zu *Salvia* 'Amistad' und bildet einen schönen leichten Kontrast.

6 ***Achnatherum calamagrostis*** **'Algäu' (5x)** ist federleicht im Beet und färbt sich wunderschön im Herbst. Die Grashorste kann man mit der Zeit im Frühjahr ganz einfach nach dem Schnitt teilen.

7 ***Monarda fistulosa*** **'Beauty of Cobham' (14x)** besitzt eine üppige Blüte von Juli bis September mit standfesten Stängeln. Auch die *Monarda* ist leicht durch Abstechen oder durch Stecklinge zu teilen. Eine mehltauresistentere Sorte wäre *Monarda fistulosa var. menthifolia* 'Mohikaner'.

8 ***Salvia nemorosa*** **'Caradonna' (24x)** blüht gleich zweimal von Juni bis Juli und erneut, nach einem Rückschnitt, bis September. Stecklinge gelingen von der Sorte 'Caradonna' sehr einfach.

9 ***Dahlia*** **'Wizard of Oz' (9x)** bildet den ganzen Sommer durch zart rosa Pompons.

10 ***Nepeta x faassenii*** **'Superba' (16x)** blüht ab Mai. Wenn man Verblühtes wegschneidet, remontiert die Staude. Stecklinge gelingen hier einfach.

11 ***Sedum telephium*** **'Herbstfreude' (15x)** ist ab der Blüte im September ein absoluter Bienenmagnet! Vermehrt wird durch Abstechen oder Stecklinge.

12 ***Iris*** **'Eternal Bliss' (25x)** ist eine wunderschöne im Juni zartlila blühende Iris, die im Herbst noch einmal eine zweite Blüte zeigt.

13 ***Kalimeris incisa*** **'Madiva' (11x)** – durch ihre Blüte von Juni bis September zählt diese Sorte der Schönaster definitiv auch zu den Dauerblühern. Vermehrt wird sie am besten durch Teilung.

14 ***Pennisetum*** **'Hameln' (6x)** bleibt etwas niedriger als die Sorte 'Cassian' und kann daher schön am Beetrand wachsen. *Pennisetum* lässt sich auch gut durch Teilung vermehren.

15 ***Stachys monnieri*** **'Hummelo' (14x)** blüht ab Juli und ist im Winter dank seiner standfesten Samenstände ein toller Kontrast zum leichten Gras im Vordergrund. Ausgraben und die einzelnen großen Pflanzen vorsichtig auseinanderziehen, und schon hast du mehrere Stücke, die du wieder pflanzen kannst.

16 ***Aster dumosus*** **'Herbstgruß vom Bresserhof' (19–20x)** war eine meiner ersten Astern. Sie blüht üppig rosa ab September. Davor füllt sie mit grünen Blattkissen das Beet. Sie bildet Ausläufer, die man einfach abschneiden und pflanzen kann. Funktioniert am besten erst mal im Topf.

17 ***Aster amellus*** **'Veilchenkönigin' (14x)** schmückt von August bis zum ersten Frost mit auffälligen blauvioletten Blüten das Beet. Hier bieten sich Kopfstecklinge zur Vermehrung an.

DER MITTAGSSONNE ENTKOMMEN

Halbschatten gibt es in meinem Garten hauptsächlich entlang des Zauns der Nachbarn. Die Herausforderung dieses Standortes ist der Wechsel aus Sonne und Schatten. Ein Vorteil ist, dass durch den Schatten zur Mittagszeit hier die Bodenfeuchte höher ist und du dementsprechend weniger gießen musst. Viele Stauden neigen sich jedoch gerne Richtung Sonne, wenn sie zu schattig stehen, und sind versucht zu kippen. Deshalb ist es nicht ganz einfach, hier die passenden Stauden zu finden. Ich tendiere dazu, in sonnigeren Bereichen der Halbschattenbeete Stauden zu pflanzen, die eigentlich für vollsonnige Standorte gedacht sind. Das muss man wirklich testen. Manchmal funktioniert das ganz gut. Es gibt aber genügend Stauden, die mit Sonne und Halbschatten gleichermaßen zurechtkommen.

HALBSCHATTEN

DEN ZAUN VERSTECKEN

Im Hintergrund stehen hier Gehölze, um den Zaun zu verdecken und ein bisschen mehr Lärm- und Sichtschutz zu bieten. Sonne kommt daher nur zum Teil an. Die Gehölze nehmen dem Boden leider zudem viel Feuchtigkeit, daher setze ich bei diesem Beet ebenso auf Pflanzen, die gut mit Trockenheit zurechtkommen.

Im **Frühling** erblüht dieses Beet mit unzähligen Narzissen und Tulpen. Die Narzisse 'Thalia' bildet mehrere Blüten am Stiel und schafft so schnell Fülle! Farblich bilden die Tulpen 'Silver Cloud' und 'Queen of Night' schöne Kontraste zum reinen Weiß der Narzissen.

Ab Ende Mai/Anfang Juni blühen hier Stauden bis in den späten Herbst hinein.

Herbstfarben im Garten und Struktur durch den Verzicht auf Rückschnitt: Die Kombination aus spät blühenden Stauden, gefärbtem Laub und Gräsern und den Resten der verblühten Stauden füllen das Beet auch im **Herbst** noch so aus, dass es einem an nichts fehlt.

Im **Winter** besticht dieses Beet immer noch mit einer guten Struktur. Highlights sind vor allem die Aster 'Madiva' und der Ziest 'Hummelo', deren Samenstände das Beet bis zum Frühjahr schmücken.

Zum Beetplan geht's hier entlang!

Tulipa 'Silver Cloud' und 'Queen of Night' gemischt

Narcissus 'Thalia'

Crocus 'Blue Pearl'

A ***Hibiscus syriacus*** 'Marina' (1x) blüht üppig von Juli bis September.

B ***Cornus kousa*** 'Kreuzdame' (1x) – der klein bleibende Hartriegel blüht im Juni und hat eine spektakuläre Herbstfärbung. Er mag leicht sauren Boden.

C ***Prunus laurocerasus*** 'Novita' (1x) – den Kirschlorbeer habe ich hier aus Platzgründen aufgeastet.

D ***Fargesia nitida*** 'Jiuzhaigou 1' (1x) – der Bambus bleibt kompakt und bildet keine Ausläufer.

1 ***Veronica spicata*** 'Inspire Rose' (5x) ist eine ganz niedrige Ehrenpreis-Sorte, die ab Juli blüht und sich perfekt für den Beetvordergrund eignet.

2 ***Stachys monnieri*** 'Hummelo' (4x) ist für mich eine der schönsten Stauden fürs Beet mit knallig pinken Blüten und guter Standfestigkeit den ganzen Winter durch.

3 ***Salvia nemorosa*** 'Caradonna' (6x) blüht von Juni bis Juli, nach Rückschnitt erneute Blüte bis September. Er darf allerdings nicht zu schattig stehen!

4 ***Geranium wlassovianum*** (4x) bildet eher unscheinbare blaue Blüten von Juli bis September, wichtiger ist hier die knallig rote Herbstfärbung!

5 ***Geranium sanguineum*** 'Ron Leed' (4x) ist ein sehr wüchsiger Storchschnabel, der lange blüht und wintergrün das ganze Jahr gut aussieht.

6 ***Sedum telephium*** 'Matrona' (5x) ist für mich eine der schönsten *Sedum*-Sorten mit dunklem Laub und weißrosa Blüten im Herbst.

7 ***Geranium wallichianum*** 'Rozanne' (2x) ist und bleibt der unschlagbare Dauerblüher mit einem violettblauen Blütenmeer von Juni bis November.

8 ***Iris barbata-elatior*** 'Rosalie Figge' (2x) bildet dunkelviolette Blüten im Mai und ein zweites Mal im September, das schwertartige Laub gibt Struktur. Eine helle Alternative ist die remontierende Sorte 'Eternal Bliss'.

9 ***Kalimeris incisa*** 'Madiva' (6x) – durch ihre Blüte von Juni bis September zählt diese Sorte definitiv zu den Dauerblühern. Ihr Laub färbt sich im Herbst gelb.

10 ***Campanula carpatica*** 'Weiße Clips' (1x) blüht lange und üppig – auch an komplizierteren Stellen.

11 ***Pennisetum*** 'Hameln' (1x) ist ein wunderschönes Gras, dass sich im Herbst leuchtend gelb färbt (Blüte von Juli bis Oktober).

FRÜHLING

HERBST

WINTER

HALBSCHATTEN

WECHSEL ÜPPIGER BLÜTEN

Dieses Beet zeichnet vor allem seine lang anhaltende Blüte aus. Mit den ersten Narzissen im April bis zu den späten Astern, die bis zum Frost für viel Farbe sorgen. Herausforderungen hier sind vor allem der Wechsel aus Schatten am Vormittag und Sonne ab Nachmittag.

Beetgröße: 3 x 3 m

Standortbedingungen:
Halbschatten und Sonne ab Nachmittag

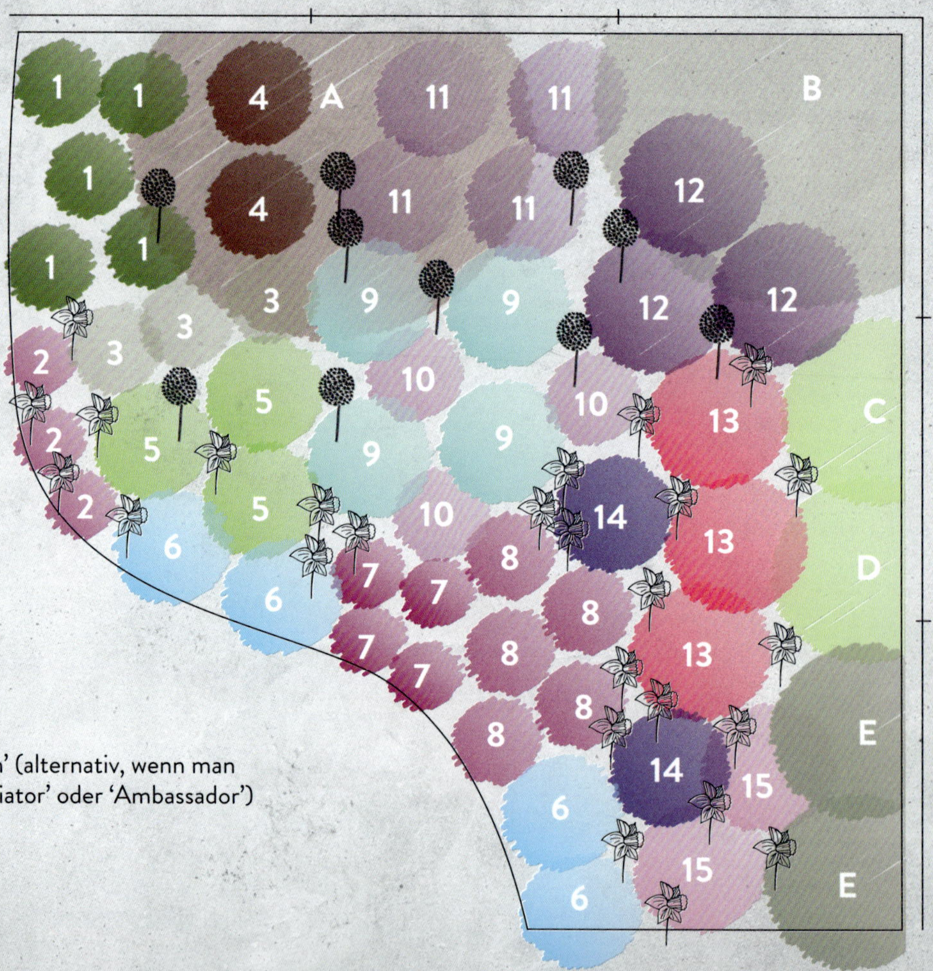

Tulipa 'Exotic Emperor'

Narcissus 'Thalia' und 'Moschatus'

Allium 'Purple Sensation' (alternativ, wenn man es wuchtiger mag, 'Gladiator' oder 'Ambassador')

A ***Sambucus nigra*** **'Black Tower' (1x)** bleibt schmal und wird nicht so hoch. Wer ein bisschen mehr Fläche zur Verfügung hat, dem empfehle ich *Sambucus nigra* 'Black Lace'.

B ***Hibiscus*** **'Red Heart' (1x)** blüht von Juli bis September weiß mit roter Mitte und ist bei uns besonders bei den Hummeln beliebt.

C ***Euonymus fortunei var. radicans*** **(1x)** ist ein absolut stressfreier Kletterer an einer Rankhilfe, wenn man nicht viel Platz hat.

D ***Clematis*** **'Ville de Lyon' (1x)** klettert an einer Rankhilfe neben dem *Euonymus*, um mit der Blüte im Juni und im Spätsommer noch mal für einen Farbtupfer im Beethintergrund zu sorgen.

E ***Fargesia nitida*** **'Jiuzhaigou 1' (2x)** – der Bambus bleibt kompakt und bildet keine Ausläufer. Er verliert aber vor allem nicht so viele Blätter wie andere Sorten.

1 ***Sedum telephium*** **'Herbstfreude' (5x)** ist ein wichtiger Herbstblüher in diesem Beet und bildet eine tolle Kombination mit der dahinterstehenden Aster, die ab August blüht.

2 ***Aster dumosus*** **'Rosenwichtel' (3x)** ist ja schon bekannt als mein Farbklecks quer durch den Garten. Ich mag solche Wiederholungen, die einem Garten optisch einen Wiedererkennungswert geben.

3 ***Iris barbata*** **'Boule de Neige' (3x)** blüht von Mai bis Juni und gibt dank ihrer Blattschwerter auch danach Struktur im Beet.

4 ***Aster novae-angliae*** **'Andenken an Paul Gerber' (2x)** bildet zusammen mit der *Aster novae-angliae* 'Violetta' das Blütengerüst im Beet ab September.

5 ***Salvia nemorosa*** **'Schneehügel' (3x)** blüht zweimal und ist in Kombination mit der blauen Skabiose ein Highlight in diesem Beet.

6 ***Scabiosa columbaria*** **'Butterfly Blue' (4x)** ist der Dauerblüher im Beet von Juli bis September – je nach Witterung erscheinen die ersten Blüten auch oft schon im Juni!

7 ***Lychnis viscaria*** **'Feuer' (4x)** – diese Pechnelke bringt überhaupt kein Pech! Im Gegenteil, sie blüht leuchtend pink im Mai und Juni und lässt sich einfach über Samen vermehren.

8 ***Stachys monnieri*** **'Hummelo' (5x)** löst mit seiner Blüte ab Juli die Pechnelke ab und ist auch im Winter dank seiner Standfestigkeit noch Schmuck im Beet.

9 ***Gaura lindheimeri*** **(4x)** hat die Eigenschaft zu kippen, wenn sie nicht genug Sonne bekommt. Am besten mit standfesten Stauden zur Stütze kombinieren. Sie blüht von Juni bis Oktober.

10 ***Dahlia*** **'Diana's Memory' (3x)** blüht ab Juli – wenn du sie im Haus vorziehst sogar schon früher – bis es richtig kalt wird.

11 ***Cosmos bipinnatus*** **(4x)** wird im Frühjahr ausgesät – entweder im Haus oder direkt im Beet. Diese Zierpflanze wird erstaunlich hoch (bis zu 1,50 m) und passt deshalb am besten in den Beethintergrund.

12 ***Aster novae-angliae*** **'Violetta' (3x)** blüht ab September. Sie ist die Aster mit den wahrscheinlich dunkelsten Blüten. Das tiefe Violett mit der dunkelgelben Mitte stimmt auf den Herbst ein.

13 ***Echinacea purpurea*** **(3–4x)** fühlt sich im Halbschatten pudelwohl und blüht üppig von Juli bis September.

14 ***Aquilegia vulgaris*** **'Clementine White' (2x)** blüht von Mai bis Juli reinweiß. Wer nicht will, dass sie sich von alleine aussät, sollte Verblühtes abschneiden.

15 ***Kalimeris incisa*** **'Madiva' (2x)** ist ein Dauerblüher von Juni bis September mit gelber Herbstfärbung.

DUNKLES LAUB, HELLE BLÜTEN

Für mich ist eine der schönsten Kombinationen im Garten: dunkle, fast schwarze Blätter mit zarten Fliedertönen. In diesem halbschattigen Beet dürfen zarte Astern neben Pflanzen in kräftigen dunklen Rot- und Pinktönen glänzen. Ein Rückschnitt ist nur bei den Dahlien im späten Herbst nötig – beziehungsweise müssen sie ausgegraben werden, wenn man es nicht drauf ankommen lassen will, ob sie den Winter überstehen. Alle anderen Stauden und Gräser können bis zum Frühjahr stehen bleiben.

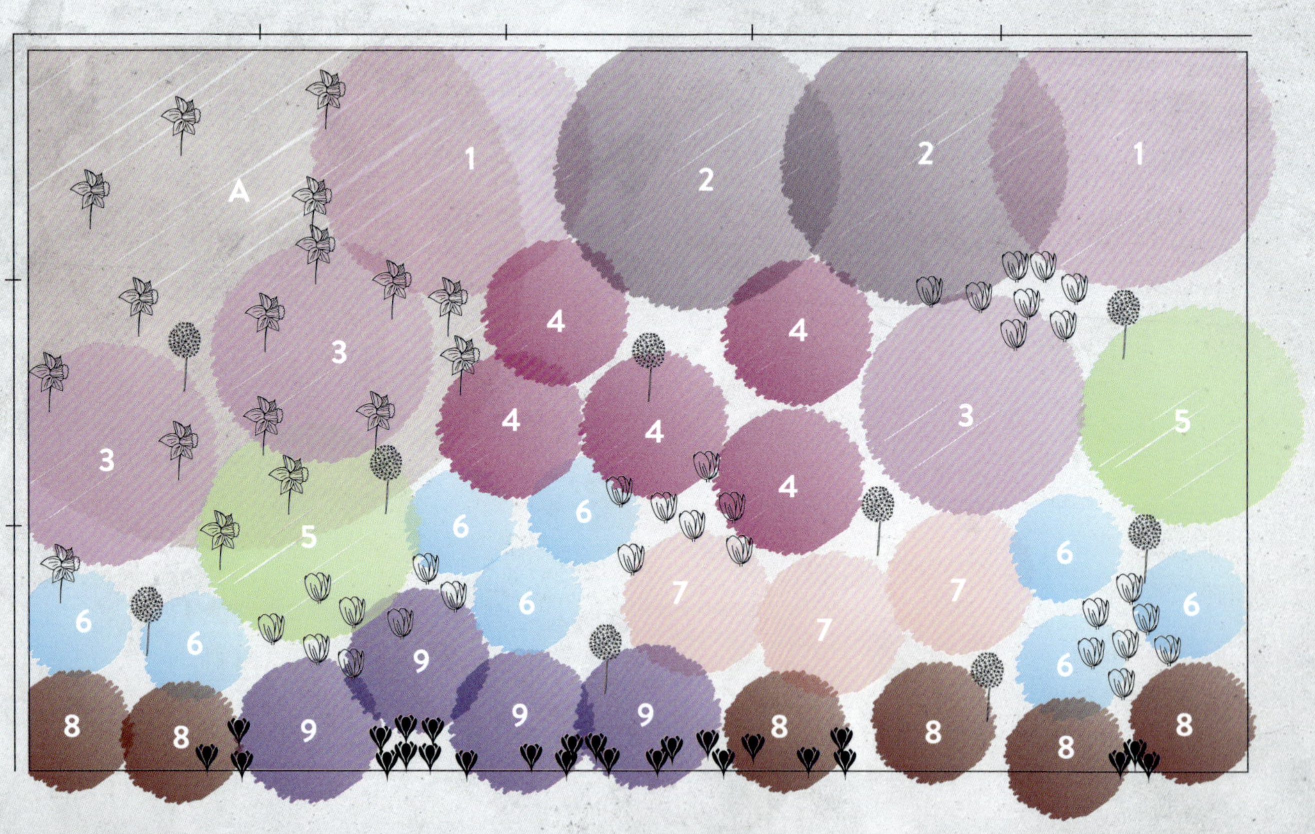

 Beetgröße: 5 x 3 m **Standortbedingungen:** Halbschatten

 ***Tulipa*** 'White Triumphator'

 ***Narcissus*** 'Dancing Moonlight' und 'Regeneration'

 ***Crocus*** 'Blue Pearl'

 ***Allium*** 'Purple Sensation' (alternativ, wenn man es wuchtiger mag 'Gladiator' oder 'Ambassador')

A ***Physocarpus opulifolius*** **'Diabolo' (1x)** mit dunkelrotem Laub und weißen Blüten, die sich von Mai bis Juli wunderschön vom dunklen Laub abheben. Statt dieser Blasenspiere macht sich hier auch Perückenstrauch 'Royal Purple' super!

1 ***Anemone tomentosa*** **'Robustissima' (2x)** wird mit den Jahren riesig und erreicht ungeahnte Höhen – daher perfekt für den Beethintergrund. Die Blüte erscheint oft schon Ende Juli und hält bis Oktober. Das zarte Rosa sieht toll neben dunklem Laub aus!

2 ***Cimicifuga simplex*** **'Brunette' (1–2x)** kann bis zu 2 m hoch werden und überzeugt mit hellen Blütenkerzen auf dunklem Laub von August bis Oktober. Die Pflanze braucht allerdings etwas, bis sie an Größe gewinnt. Wem das zu stressig ist oder zu lange dauert, kann hier auch einen *Sambucus nigra* 'Black Tower' pflanzen.

3 ***Aster laevis*** **'Calliope' (3x)** besitzt dunkle Stängel und Blätter. Ihre Blüte erscheint von September bis Oktober.

4 ***Echinacea purpurea*** **'Fatal Attraction' (5x)** blüht von Juli bis September und fühlt sich im Halbschatten sehr wohl.

5 ***Calamagrostis x acutiflora*** **'Overdam' (2x)** bringt ein bisschen Leichtigkeit ins Beet, was bei der Schwere der Farben und Strukturen gut tut.

6 ***Kalimeris incisa*** **'Madiva' (8x)** ist hier mein Dauerblüher (Juni bis September) im Beet. Und dank ihrer Herbstfärbung und den schönen Samenständen ist die Pflanze sogar im Herbst und Winter noch ein Blickpunkt.

7 ***Dahlia*** **'Diana's Memory' (3x)** hat bei mir auch im Halbschatten üppige Blüten gezeigt und ihre Höhe von rund 60 cm macht sie perfekt für die Pflanzung im Staudenbeet. Ab August (im Haus vorgezogen sogar schon früher) bis zum Frost blüht sie ununterbrochen.

8 ***Heuchera x cultorum*** **'Silver Light' (6x)** liefert dunkelroten Blattschmuck das ganze Jahr durch.

9 ***Nepeta x faassenii*** **'Superba' (4x)** blüht ab Mai. Wenn man Verblühtes wegschneidet, remontiert die Staude und blüht erneut bis in den September rein.

DAHLIE 'DIANA'S MEMORY'

ECHINACEA PURPUREA

ANEMONE 'ROBUSTISSIMA'

CHILLIGE ECKEN

Schatten ist leider nicht gleich Schatten und das größte Problem aller Staudenempfehlungen für diesen Bereich ist, dass die meisten nur im feuchten Schatten funktionieren. Das musste ich über die Jahre schmerzhaft lernen. Ich habe irre viel Geld für schattenverträgliche Stauden ausgegeben, ohne zu bedenken, dass der Schatten vor allem am Gehölzrand oft sehr trocken ist. Mir ist wirklich alles eingegangen. Nach jahrelangem Testen und Probieren konnte ich aber eine gute Mischung an Stauden ausfindig machen, die mit diesen komplizierten Bedingungen klarkommen und hier prächtig blühen und wachsen. Und wenn du in deinem Garten auch dunkle Ecken hast, die feucht sind, umso besser! Denn hier gibt es eine Vielzahl an herrlichen Schattenstauden, die mit üppigem Grün und teilweise erstaunlich schöner Blüte gedeihen.

SCHATTEN

VIELE WURZELN, WENIG PLATZ

Schattige Ecken um Bäume und Sträucher sind zwar schwer zu bepflanzen, müssen aber nicht langweilig sein. Hier punktet man vor allem mit unterschiedlichen Blattfarben und -größen. Es gibt jedoch auch einige blühende Stauden, die sich im Schatten richtig wohlfühlen. Weil flachwurzelnde Gehölze teilweise auch den Oberboden durchwurzeln, muss man hier etwas Erde auffüllen, um die nötige Pflanztiefe zu erreichen.

Schneeglöckchen im Februar blühen bei mir nur unter dem Ahorn – da dann aber weitläufig verteilt und in verschiedenen Sorten. Auch Wildtulpen und Narzissen funktionieren im **Frühling** gut im Schatten und hellen die dunkle Ecke für eine kurze Zeit auf.

Mein Lieblingsduo hier im Schatten: die Herzblättrige Schaumblüte und Günsel.

Im späten **Herbst** dürfen hier die Ahorne leuchten. Das Gelb des kleinen Japanischen Schlitzahorns in der Ecke wird vom Gelb des Japanischen Berggrases aufgegriffen. Das Laub des großen Ahorns bildet einen blutroten Teppich, wenn es fällt.

Im **Winter** sorgen die Bergenie und der Bambus dafür, dass man nicht auf eine leere Fläche schauen muss. Auch das Japanische Berggras trägt dazu bei, dass das Beet im Winter optisch gefüllt ist.

Zum Beetplan geht's hier entlang!

Galanthus · *Tulipa* 'Exotic Emperor' · *Narcissus* 'Mount Hood' · *Crocus tommasinianus*

A ***Fargesia nitida*** **'Jiuzhaigou 1'** (2x) – der kompakt wachsende Bambus eignet sich perfekt für den Beethintergrund.

B ***Acer palmatum*** **'Bloodgood'** (1x) ist ein ein- oder mehrstämmiger Baum mit knallrotem Austrieb im Frühjahr und spektakulärer Herbstfärbung.

C ***Acer palmatum dissectum*** (1x) bleibt klein (bis 1,50 m) und färbt sich im Herbst von gelb bis rot.

D ***Nandina domestica*** (1x) – der Himmelsbambus ist ein immergrüner, recht niedriger Strauch, der nur dann rote Beeren bildet, wenn man männliche und weibliche Pflanzen im Garten hat – daher stehen bei mir gleich zwei davon!

1 ***Tiarella*** 'Pink Skyrocket' (4x) blüht von April bis Juni direkt am Gehölzrand und ergänzt sich perfekt mit den Günseln.

2 ***Ajuga reptans*** 'Black Scallop' (8x) – der Purpur-Günsel ist wintergrün und bildet dunkelrote Blatt-Teppiche. Meiner Meinung nach unterschätzt wird seine wunderschöne violette Blüte.

3 ***Ajuga reptans*** 'Burgundy Glow' (11x) ist die mehrfarbige Variante des Purpur-Günsels. Sein Laub ist etwas heller im Beet.

4 ***Hakonechloa macra*** (5x) ist mein absolutes Lieblingsgras und darf im Schatten nicht fehlen. Es sollte allerdings nicht zu trocken stehen.

5 ***Bergenia cordifolia*** (5x) – ich habe eine Sorte aus Mamas Garten, deren Namen ich leider nicht kenne, die Staude lässt sich nämlich einfach teilen. Eine schöne große Sorte ist 'Rotblum' mit einer Blüte von April bis Mai.

6 ***Heuchera*** 'Silver Light' (3x) geht immer im Schatten! Neben einer guten üppigen Höhe, kompaktem Wuchs und zierlicher Blüte von Juni bis August überzeugen *Heuchera* vor allem auch mit ihrem wintergrünen Laub.

7 ***Brunnera macrophylla*** 'Jack Frost' (4x) legt schon sehr früh im April mit kleinen blauen Blüten los. Die silbrigen Blätter hellen dunkle Ecken im Garten auf.

8 ***Campanula glomerata*** (3x) – die Knäuel-Glockenblume geht entspannt mit Trockenheit um und wächst auch noch gut im lichten Schatten. Die Blüten erscheinen von Juni bis August.

9 ***Hosta sieboldiana*** 'Elegans' (1x) ist eine solche Schönheit, die definitiv präsent platziert sein sollte. Ihre weißen Blüten leuchten von Juni bis Juli.

SCHATTIGES PLÄTZCHEN

Gerade unter großen Bäumen – bei mir sind das riesige Kugelahorne – ist der Boden trocken und nährstoffarm, da die Bäume alles wegschlucken. Ich dachte erst, dass hier überhaupt nichts wächst, so viel ist mir über die Jahre eingegangen. Nun habe ich aber eine ganz gute Auswahl an wirklich anspruchslosen Stauden gefunden, die ohne Weiteres mit diesem Bereich klarkommen.

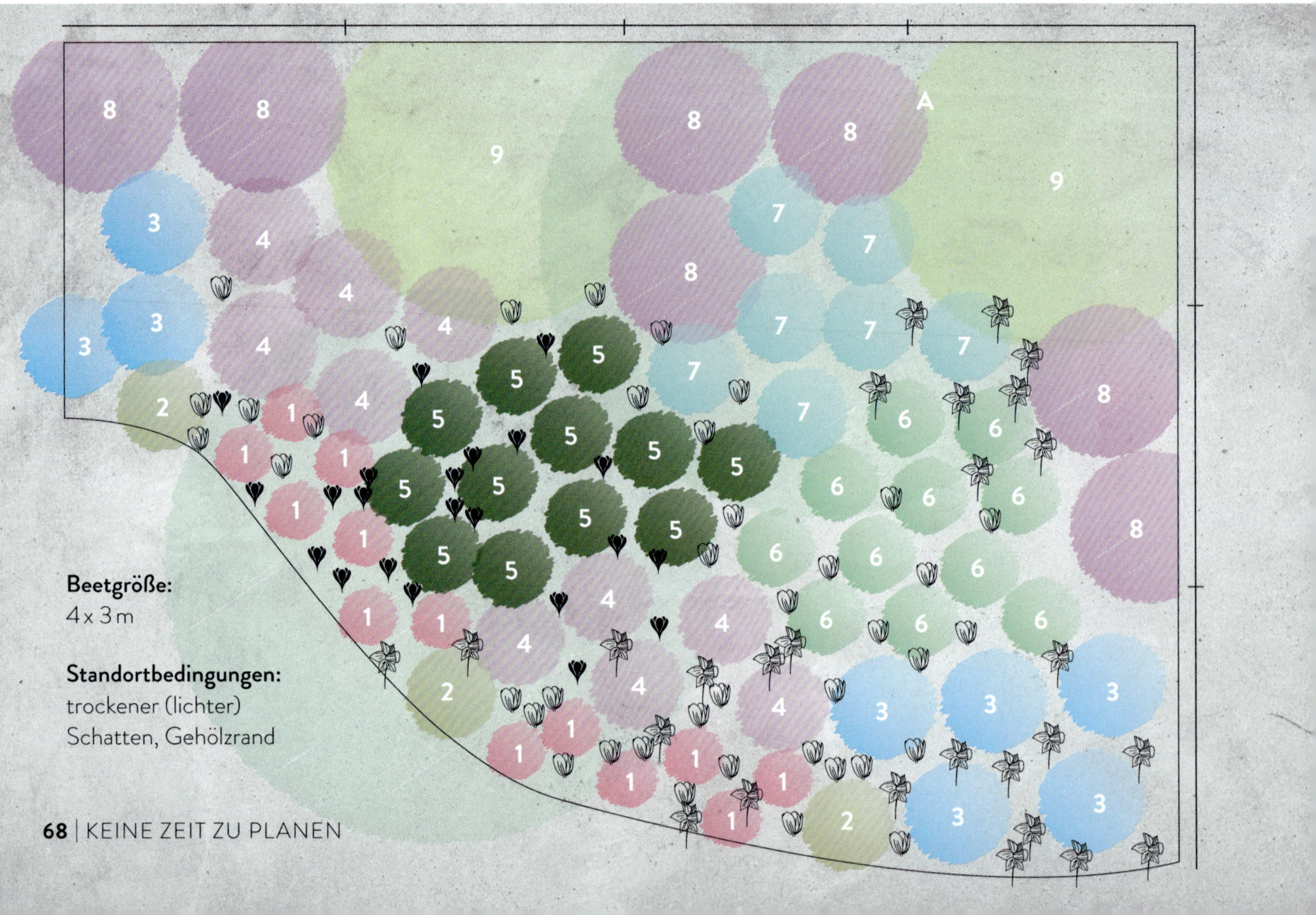

Beetgröße:
4 x 3 m

Standortbedingungen:
trockener (lichter) Schatten, Gehölzrand

Tulipa turkestanica und *Tulipa tarda*

Narcissus moschatus

Crocus tommasinianus

A ***Acer plantanoides*** 'Globosum' (1x) ist ein beliebter Hausbaum, der mit dichtem Laub Schatten spendet, ohne zu hoch zu werden (6 m).

1 ***Geranium x cantabrigiense*** 'Cambridge' (13x) ist mein Alleskönner im Garten, und wenn im Mai die Blüten erscheinen, leuchten überall die pinken Flecken auf. Dabei ist er wintergrün und absolut trockenheitsresistent!

2 ***Aster ericoides* var. *pansus*** 'Snowflurry' (3x) ist eigentlich ein Steingartengewächs, fühlt sich aber auch im lichten trockenen Schatten wohl und zeigt ab September ein Meer von winzigen weißen Blüten.

3 ***Aster ageratoides*** 'Blaukuppel' (8x) blüht ab Juli und ist beliebt bei Bienen und Schmetterlingen. Sie kann Trockenheit vertragen und bildet schnell dichte Blütenkissen.

4 ***Bergenia cordifolia*** 'Silberlicht' (10x) gibt dem Beet durch die wintergrünen Blätter das ganze Jahr Fülle, die weißen Blüten erscheinen schon sehr früh im April bis Mai.

5 ***Geranium macrorrhizum*** 'Spessart' (12x) ist ein wintergrüner Alleskönner, der von Mai bis Juli blüht und sich im Herbst bunt färbt.

6 ***Ceratostigma plumbaginoides*** (11x) – einmal etabliert, vermehrt sich der Chinesische Bleiwurz schnell und braucht kaum Wasser. Wer lieber etwas Wintergrünes haben möchte, kann alternativ zu *Epimedium* (Elfenblume) greifen.

7 ***Campanula persicifolia*** 'Grandiflora Alba' (7x) fühlt sich bei mir auch in der Nähe des Stamms wohl und blüht dort von Juni bis Juli in Weiß.

8 ***Aster ageratoides*** 'Asran' (7x) ist ein Tier im Beet und breitet sich rasant über Ausläufer aus. Gerade bei solch schwierigen Bedingungen wie am trockenen Gehölzrand ist sie für mich die letzte Rettung gewesen und blüht hier ab August wunderbar.

9 ***Clematis x jouiniana*** 'Praecox' (2x) schafft es in Kürze, mehrere Quadratmeter abzudecken, deshalb stutze ich sie immer gerne etwas zurecht. Ihre kleinen zartblauen Blüten erscheinen von August bis September.

FRÜHLING

SOMMER

HERBST

FEUCHTER SCHATTENPLATZ

Alle streben nach Sonne, aber ich liebe kühle feuchte Ecken – vor allem in heißen Sommern. Hier wachsen üppig grüne Pflanzen mit großen Blättern, ohne dass man viel tun muss. Hortensien, die ich sonst nicht empfehlen würde, dürfen sich hier breit machen. Falls du zu den Glücklichen zählst, die so ein Fleckchen im Garten besitzen, kannst du mit den folgenden Pflanzen in meinem Plan starten.

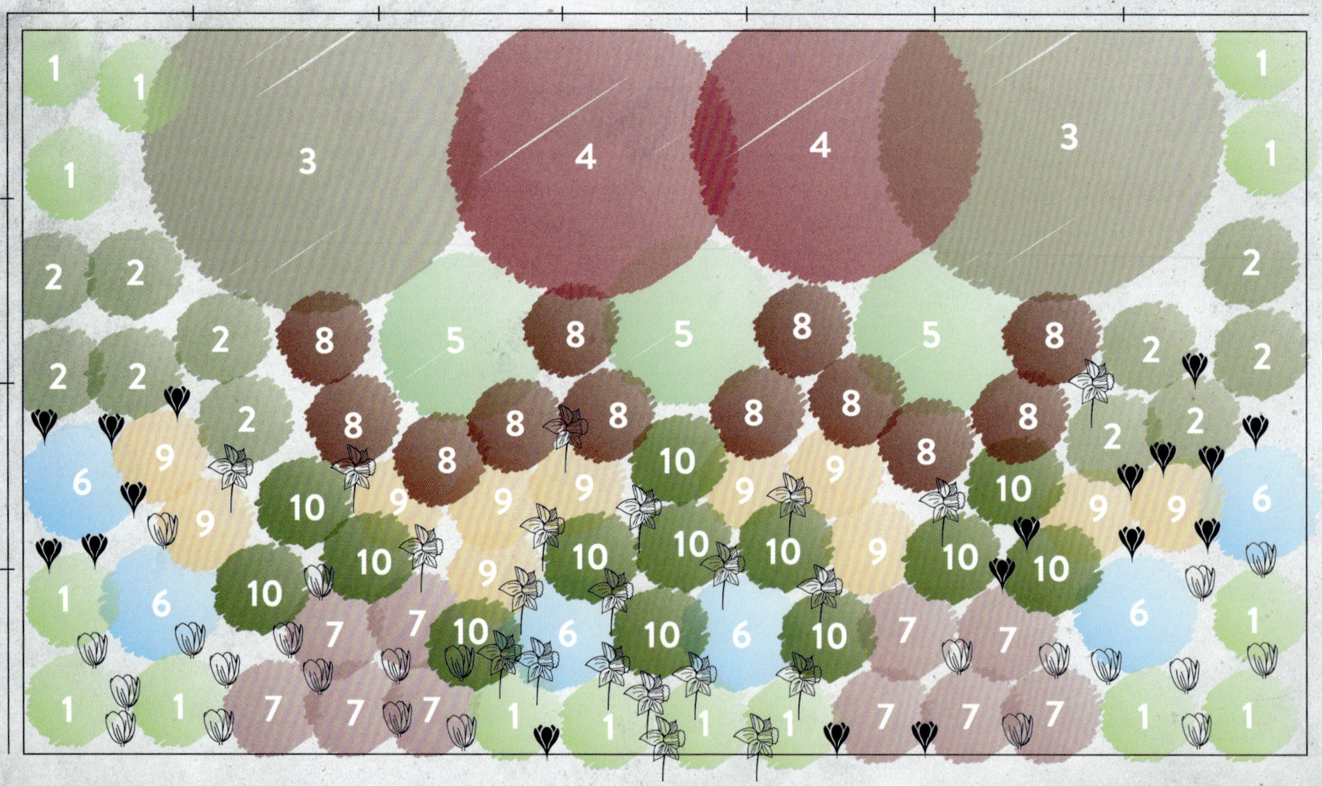

Beetgröße: 7 x 4 m **Standortbedingungen:** feuchter Schatten

Galanthus *Narcissus moschatus* *Crocus tommasinianus*

1 ***Hakonechloa macra* (15x)** fühlt sich im feuchten Schatten super wohl. Im Herbst leuchtet die Pflanze gelb.

2 ***Persicaria microcephala* 'Red Dragon' (11x)** ist ein rotblättriger Knöterich mit relativ unscheinbaren weißen Blüten, die sich aber nichtsdestotrotz wunderschön vom dunklen Laub abheben. Er blüht von Juli bis August.

3 ***Hosta sieboldiana* 'Elegans' (2x)** bildet mit ihren riesigen Blättern einen tollen Hintergrund im Beet. Die sehr üppigen weißen lilienartigen Blüten erscheinen im Juni/Juli.

4 ***Cimicifuga simplex* 'Brunette' (2x)** blüht von August bis Oktober und ist mit einer Höhe von fast 2 Metern eine imposante Erscheinung.

5 ***Anemone japonica* 'Whirlwind' (3x)** setzt weiße Akzente von August bis Oktober.

6 ***Hosta x fortunei* 'Patriot' (6x)** bildet einen ganz tollen Kontrast zu *Hakonechloa macra*. Auch die gelbe Herbstfärbung macht diese Hosta im Beet unverzichtbar. Sie blüht von Juni bis Juli in zartem Lila.

7 ***Heucherella* 'Quicksilver' (10x)** sorgt im Beetvordergrund das ganze Jahr über für ein bisschen Farbe. Das dunkle Laub nimmt noch einmal den Ton der Silberkerze im Hintergrund auf.

8 ***Geranium phaeum* (12x)** ist ein absolut schattenverträglicher Storchschnabel mit sehr dunklen lila Blüten und einer irre langen Blütezeit von Mai bis September.

9 ***Bergenia cordifolia* (11x)** ist völlig anspruchslos, was Boden und Standort angeht. Hier im feuchten Schatten bildet die Pflanze besonders kräftige Blätter und Blüten von April bis Mai. Ihr Laub schmückt das Beet rund ums Jahr.

10 ***Aster divaricatus* 'Tradescant' (13x)** sorgt zwischen den großen Blättern der Bergenia und Hosta für Leichtigkeit. Sie blüht von Juli bis Oktober.

STRUKTUR DURCH BLATTGRÖSSEN

IMMERGRÜNER BLATTSCHMUCK

LANGE BLÜTE

ZEIG, WAS DU KANNST: DER VORGARTEN

Dieser Bereich ist der Teil des Gartens, den man immer sieht, weil man täglich daran vorbeigeht – und den auch andere sehen. Er sollte daher möglichst gut und gepflegt aussehen, aber natürlich nicht viel Arbeit machen. Oft findet man hier eine Kombination aus Gehölzen und Stauden. Lange Blütezeiten sind für den Vorgarten genauso wichtig wie eine schöne Struktur im Winter.

Aus den folgenden Pflanzvorschlägen kannst du dir für deine Lichtverhältnisse und Bodensituation die Rosinen rauspicken. Ich biete in den Plänen teilweise sehr viele Stauden an – häufig reichen aber schon ein paar wenige passend kombiniert. Wenn du sie geschickt mit Gehölzen mixt, ist der Vorgarten zu jeder Jahreszeit vorzeigbar.

VORGARTEN

DIE NORDSEITE VOM HAUS

Da an der Nordseite die Lichtverhältnisse im Laufe des Tages stark wechseln, ist es ratsam, diesen Bereich vor der Pflanzung gut zu beobachten. Die sonnigeren Bereiche trocknen schneller aus und die schattigen sind die meiste Zeit dunkel und mit Glück feucht. Daher enthält der Pflanzplan Stauden, die mit dieser komplizierten Situation entspannt umgehen und sowohl etwas Schatten als auch volle Sonne aushalten können.

Im **Frühjahr** wird mein Vorgarten vor allem durch Tulpen und Narzissen in kühlen Farben dominiert.

Der **Sommer** besticht durch üppige Purpur- und Lilatöne und wird durch den Kaukasus-Gamander, Purpursonnenhut und Trommelstocklauch zum Bienenmagnet.

Der Vorgarten ist im **Herbst** durch die Ahorne und Hortensien das reinste Feuerwerk der typischen Farben für diese Jahreszeit. Hier wird nichts zurückgeschnitten.

Im **Winter** erreicht man mit den verblühten Resten der Hortensien und den Samenständen der *Echinacea* eine schöne Struktur.

Zum Beetplan geht's hier entlang!

Tulipa 'Silver Cloud' und 'Havran'

Narcissus 'Thalia'

Crocus vernus 'Jeanne d'Arc'

Allium sphaerocephalon

Beetgröße: 8 x 3 m **Standortbedingungen:** Halbschatten bis Schatten

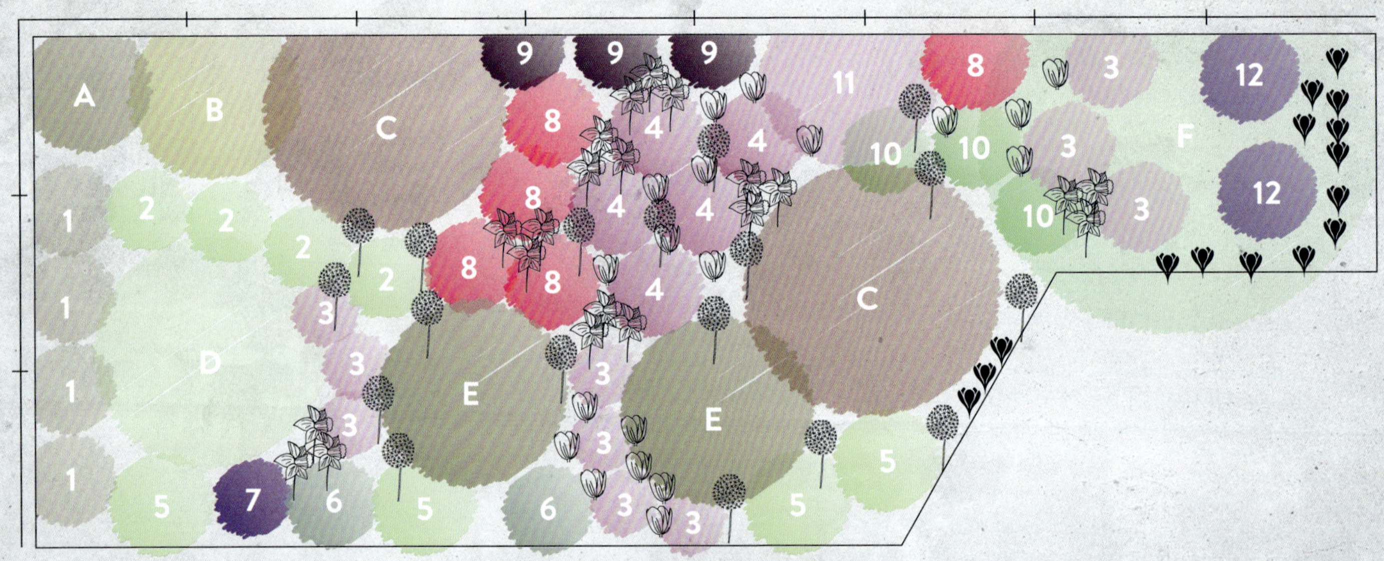

A ***Photinia fraseri*** 'Red Robin' (1x) sorgt für immergrünen Sichtschutz.

B ***Philadelphus coronarius*** (1x) – der ungefüllte Bauernjasmin flutet den Vorgarten im Mai und Juni mit weißen duftenden Blüten. Er macht schnell Höhe und kann auch gut als Sichtschutz gepflanzt werden.

C ***Acer palmatum dissectum*** 'Red Garnet' (2x) ist ein kleinwüchsiger Schlitzahorn, der sich im Herbst feuerrot färbt.

D ***Acer palmatum*** 'Orange Dream' (1x) hat meiner Meinung nach eine der beeindruckendsten Färbungen und entfacht im späten Herbst ein regelrechtes Feuerwerk!

E ***Hydrangea macrophylla*** Endless Summer ® 'The Bride' (2x) sollte nur gepflanzt werden, wenn der Boden genügend Feuchte aufweist, weil man sonst nur am Gießen ist. Der Vorzug dieser Sorte: Sie treibt immer wieder neue Blüten aus und hält sich super lange in der Vase.

F ***Syringa vulgaris*** 'Mme Lemoine' (1x) ist ein Edelflieder mit üppiger weißer Blüte im Mai und Juni.

1 ***Bergenia cordifolia*** 'Silberlicht' (4x) steht an dieser Stelle bei mir sehr schattig und feucht und wächst dadurch üppiger und höher. Ihre Blüten zum Austrieb sind jedes Jahr eine Wucht!

2 ***Aster divaricatus*** 'Tradescant' (4x) ist mein Lückenfüller für schattige Fleckchen. Sie macht schnell Lücken dicht und auch nach ihrer Blüte (Juli bis Oktober) zieren ihre Samenstände das Beet.

3 ***Aster dumosus*** 'Rosenwichtel' (7x) setze ich auch im Vorgarten gerne an verschiedene Stellen dazwischen. Sie blüht von September bis Oktober; im Halbschatten zwar etwas schwächer als in der Sonne, sorgt aber auch hier im Herbst für Farbe. Wer gerne etwas mehr Höhe hätte, kann hier alternativ zur Sorte 'Blaukuppel' greifen.

4 ***Teucrium hircanicum*** (5x) ist von Juni bis Oktober ein Bienenmagnet und wird perfekt ergänzt durch den Trommelstocklauch (*Allium sphaerocephalon*).

5 ***Hakonechloa macra*** (4x) fühlt sich in meinem halbschattigen, etwas feuchteren Vorgarten sichtlich wohl und erreicht eine ungeahnte Größe.

6 ***Hosta fortunei*** 'Patriot' (2x) bildet den perfekten Kontrast zum feinen *Hakonechloa macra*.

7 ***Geranium x magnificum*** 'Rosemoor' (1x) füllt die kühle grüne Ecke im Juni/Juli mit seinen kräftigen dunkel-violettblauen Blüten.

8 ***Echinacea purpurea*** (5x) fühlt sich hier im Halbschatten pudelwohl. Blüten (Juli bis September) wie auch Samenstände sorgen lange für Struktur im Beet.

9 ***Iris barbata-elatior*** 'Rosalie Figge' (3x) ist durch ihre remontierenden Blüten (Juni und Oktober) und die strukturgebenden Blätter unverzichtbar im Vorgarten.

10 ***Sedum spectabile*** 'Carl' (3x) blüht von August bis September in leuchtendem Pink!

11 ***Paeonia lactiflora*** (1x) – eine Pfingstrose darf im Vorgarten nicht fehlen. Blüte im Mai/Juni.

12 ***Geranium sanguineum*** 'Ron Leed' (2x) – wüchsiger Storchschnabel mit pinker Blüte, der super mit trockenen Standorten zurechtkommt.

FRÜHJAHR

SOMMER

HERBST

ENTLANG DES EINGANGS

Du willst ein Beet entlang eines Weges anlegen oder einen Weg von beiden Seiten einrahmen? Das klappt an sonnigen Eingängen mit den folgenden Stauden-kombinationen sehr gut, dabei zum Einrahmen des Weges das Beet einfach spiegeln. Rosen sind durch ihre tiefen Wurzeln erstaunlich robust und halten auch mal trockenere Phasen im Garten aus.

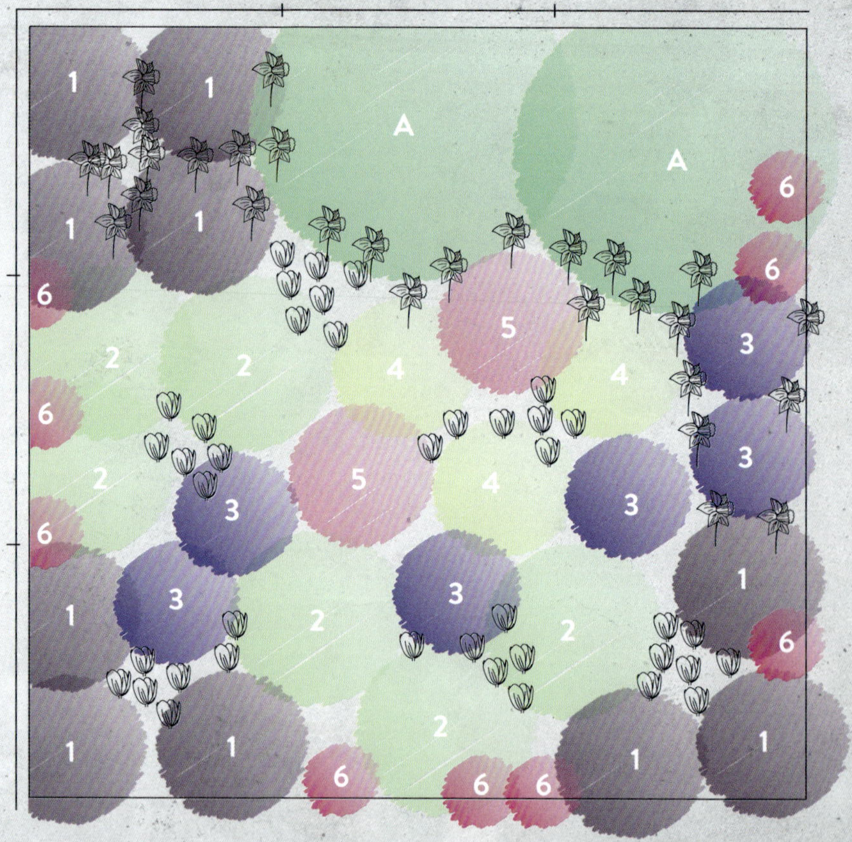

Beetgröße: 3 x 3 m
Standortbedingungen: Sonne

Tulipa 'White Triumphator'

Narcissus moschatus

A ***Rosa*** 'Kew Gardens' (2x) ist super gesund, robust und kommt auch sehr gut mit Halbschatten klar. Sie blüht ungefüllt weiß von Juni bis November – Verblühtes sollte geschnitten werden.

1 ***Sedum telephium*** 'Matrona' (10x) ist trocken und sonnig gepflanzt eine standfeste Staude – das ist wichtig, vor allem an Gehwegen.

2 ***Salvia nemorosa*** 'Schneehügel' (6x) bildet einen wunderbaren Kontrast zu dem stramm stehenden *Sedum*. Die weiße Blütenfülle sieht dabei im Juni toll aus und nach einem Rückschnitt noch mal im Spätsommer.

3 ***Agastache*** 'Black Adder' (6x) ist der blauviolette Farbtupfer im Beet. Die Samenstände schmücken auch den Winter durch.

4 ***Gaura lindheimeri*** (3x) wird hier in Kombination mit einer Dahlie verwendet.

5 ***Dahlia*** 'Diana's Memory' (2x) – das Duo aus *Gaura lindheimeri* und dieser Dahlie ist wirklich den ganzen Sommer durch schön anzusehen.

6 ***Aster dumosus*** 'Rosenwichtel' (9x) sorgt für rosa Akzente am Rand. Wer alternativ eine längere Blüte die gesamte Saison durch haben möchte, setzt hier *Erigeron karvinskianus* (Spanisches Gänseblümchen).

GAURA UND DAHLIE

SEDUM 'MATRONA'

ROSA 'KEW GARDENS'

KÜHLE FARBEN IM VORGARTEN

Wer kühle Farben bevorzugt, liegt mit der folgenden Pflanzkombi genau richtig. Blau und Lila überwiegen dabei. Erst im Herbst wird es durch die Fetthenne farblich etwas wärmer im Beet. Auf der Suche nach pflegeleichten Rosen bin ich mit den Moschus-Rosen fündig geworden. Die Moschus-Rose 'Mozart', hier im Beethintergrund, ist robust und blüht die ganze Saison durch.

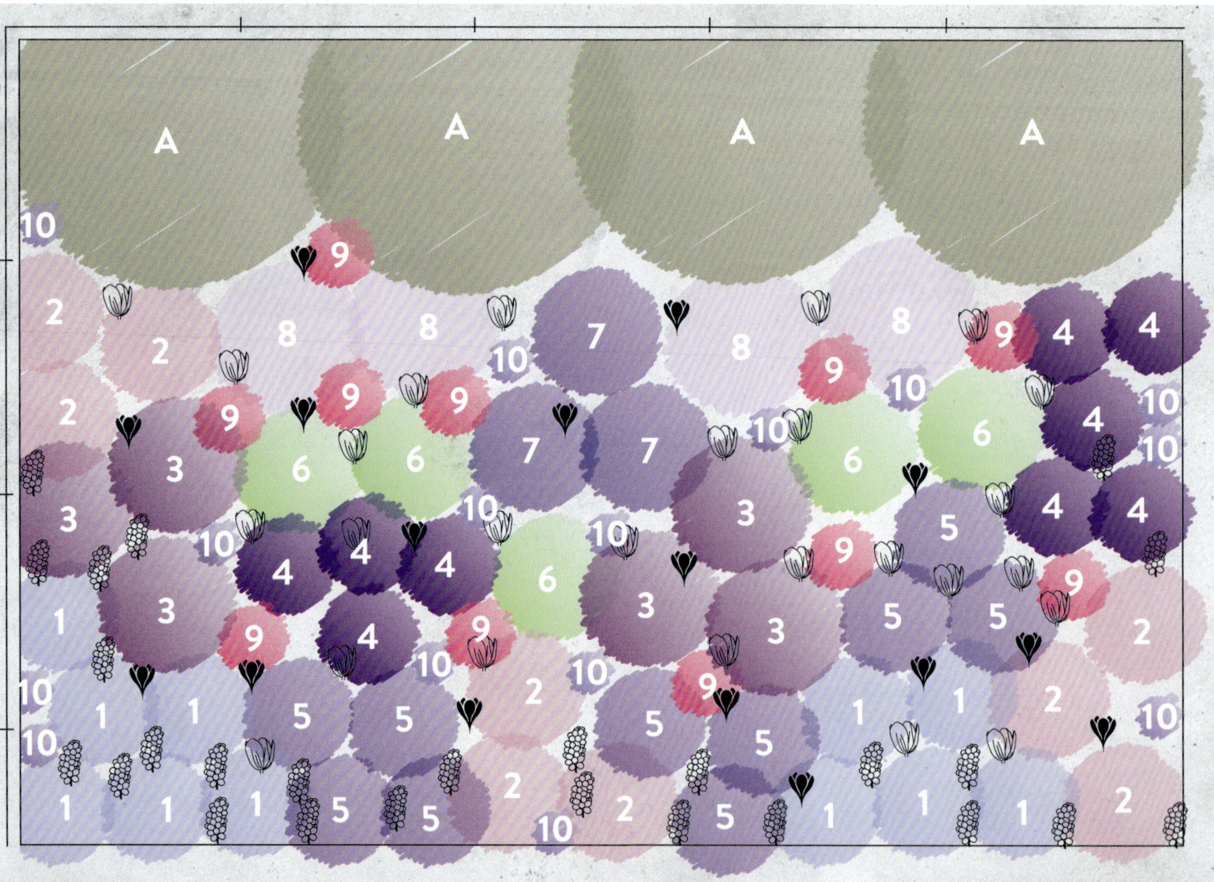

Beetgröße: 5 x 3,5 m

Standortbedingungen: Sonne bis Halbschatten

Tulipa Darwin 'Purple Pride', 'White Triumphator' und 'Queen of Night'

Crocus vernus 'Jeanne d'Arc'

Muscari 'Magic White'

A ***Rosa moschata*** 'Mozart' (4x) blüht von Juni bis September durchgehend. Wem die 'Mozart' farblich zu kräftig ist, greift zur Sorte 'Ballerina'.

1 ***Nepeta racemosa*** 'Superba' (11x) blüht ab Mai.

2 ***Sedum telephium*** 'Herbstfreude' (9x) ist mein unverwüstlicher *Sedum*-Klassiker.

3 ***Aster novae-angliae*** 'Purple Dome' (6x) ist eine der am spätesten blühenden Astern. Sie legt im September los und blüht bis in den November.

4 ***Aster amellus*** 'Veilchenkönigin' (9x), meine absolute Lieblingsaster, blüht ab August bis Oktober, und das absolut gesund und standfest. Sogar die Samenstände sind danach noch schön im Beet.

5 ***Salvia nemorosa*** 'Mainacht' (10x) ist eine Alternative für diejenigen, denen die sonst so beliebte Sorte 'Caradonna' zu hoch oder zu schlank wächst. 'Mainacht' ist etwas buschiger und blüht ab Mai.

6 ***Echinacea purpurea*** 'Alba' (5x) bringt ab Juli Licht ins Beet. Mutige pflanzen die Sorte 'Green Jewel', die fast noch besser zu den Lilatönen im Beet passt.

7 ***Iris barbata*** 'Rosalie Figge' (3x) – hier könnte auch jede andere dunkel blühende Bartiris stehen (z. B. 'Superstition'). Ich empfehle nur deshalb immer gerne die 'Rosalie Figge', weil sie sehr wüchsig ist und zuverlässig üppig blüht – das sogar zweimal.

8 ***Kalimeris incisa*** 'Madiva' (4x) darf bei mir in kaum einem Beet fehlen. Die gesunde Staude blüht ab Juli und kommt mit Sonne bis Halbschatten gut klar.

9 ***Aquilegia vulgaris*** 'Grandmothers Garden' (11x) ist eine wilde Akeleimischung mit weißen, rosa, lila oder blauen Blüten, die sich gerne versamt. Wer das nicht mag, kappt Verblühtes. Blütezeit ist von Mai bis Juni.

10 ***Anemone blanda*** 'Blue Shades' (15x) ist an Niedlichkeit im Frühjahr kaum zu übertreffen. Über die Jahre bildet sie blaue Teppiche mit Blüten (März bis April).

BLAUER TEPPICH AUS ANEMONEN

ECHINACEA PURPUREA 'ALBA'

ROSA MOSCHATA 'MOZART'

KAPITEL 04

Keine ZEIT für PFLEGE

Eine Frage, die ich wirklich oft gestellt bekomme ist: „Wie viel Arbeit macht es, damit ein Garten so aussieht wie deiner?“ Ich antworte dann: „Nicht viel, ich bin nämlich chronisch faul und hab keine Zeit.“ Ein Garten macht einem immer nur so viel Arbeit, wie man zulässt. Damit die Pflege nicht zu aufwendig wird, habe ich dir im Folgenden einige Shortcuts und Tipps gesammelt, die dir die Gartenarbeit erleichtern.

DIE DÜNGUNG

Für mich ein eher leidiges Thema, um das man aber im Garten nicht drumherum kommt. Ich dünge so wenig wie möglich, da unser Boden sehr nährstoffreich ist. Wenn, dann lege ich Wert auf organische Produkte – Chemie kommt bei mir nicht zum Einsatz.

WARUM ORGANISCHER DÜNGER STATT MINERALISCHEM?

Mineralische Dünger werden in der Regel künstlich hergestellt. Typische mineralische Dünger sind zum Beispiel Blaukorn oder Bittersalz – die sind bestimmt vielen ein Begriff. Die Nährstoffe sind in diesen Düngern als wasserlösliche Salze gebunden. Die Salze werden also beim Kontakt mit Wasser ausgeschwemmt und geben so die Nährstoffe sehr schnell an die Pflanzen ab. Und hier liegt auch gleichzeitig das Problem der mineralischen Dünger: Bei starkem Regen etwa werden die Nährstoffe aus den Salzen schnell ausgespült und gelangen erst gar nicht zu den Pflanzen, sondern direkt ins Grundwasser, und sind so nicht mehr für die Pflanzen verfügbar. Für den Boden selbst tut der Dünger nichts und das Grundwasser wird unnötig belastet.

Bei **organischem Dünger** denkt man natürlich als allererstes an Kuhmist – den man als Stadtmensch nun nicht gerade um die Ecke hat. Kompost, Hornspäne und Brennnesseljauche (bloß nicht dran riechen!) kennt man auch. Aber richtig – organische Dünger entstehen u.a. durch Kompostierung oder Fermentation und enthalten Nährstoffe in organischer Bindung. Der Dünger gibt so nicht nur Nährstoffe in den Boden ab, er reagiert gleichzeitig mit den in ihm enthaltenen Mikroorganismen und hilft auf diese Weise die Bodenqualität zu verbessern. Die Nährstoffe von organischen Düngern werden langsamer und zu unterschiedlichen Zeiten abgegeben – das hängt von Temperatur und Bodenfeuchte ab. Sie bleiben länger im Boden verfügbar und nutzen damit auf Dauer der Pflanze, dem Boden und dem Bodenleben.

Hornspäne dienen als organischer Dünger im Garten. Ich dünge damit einmal im Frühjahr den kompletten Garten und gebe bei der Pflanzung von Stauden immer ein bisschen mit ins Pflanzloch. Ich fand das am Anfang megaeklig, habe mich aber inzwischen dran gewöhnt. Es gibt jedoch mittlerweile auch eine ganze Menge veganer Dünger.

WIE, WANN UND WOMIT ICH DÜNGE

Dazu eine kleine Anekdote zu meinem Start mit organischen Düngern. Auf Empfehlung habe ich einmal im Frühjahr im gesamten Garten **Pferdedung-Pellets** verteilt. Die gibt es in riesigen Säcken im Gartencenter. Der Garten hat tagelang bestialisch nach Pferdedung gestunken, es war wirklich nicht auszuhalten. Mein Fehler: Ich habe die Pellets nicht richtig untergeharkt – das reduziert die Geruchsbelästigung um einiges. Trotzdem sehe ich mittlerweile davon ab und benutze lieber **Hornspäne**. Eine vegane Alternative sind **Pflanzenkohle** oder **Graspellets**. Aber auch diese Düngerarten sollten nach dem Verteilen gut in den Boden eingearbeitet werden.

Ich verwende Dünger sonst nur noch, wenn ich Stauden neu pflanze. Dann gebe ich stets ein bisschen davon in das Pflanzloch, damit die Pflanze in der Anwachsphase gut versorgt ist. Bei kargen Böden empfiehlt es sich, im Sommer noch einmal etwas nachzudüngen – das kann auch mit einem Flüssigdünger einmal die Woche geschehen. Ich greife aber meist lieber zu einer länger anhaltenden Variante, denn wöchentliches Düngen würde ich sicher verschusseln.

Laub vom Rasen sammle ich mit dem Rasenmäher auf. Das geht einfacher und schneller als mit einem Rechen.

Hortensien zeigen Eisenmangel mit gelbem Laub an. Hier hilft ein Hortensiendünger!

Allgemein lässt sich sagen: Einen gesunden Boden kann man durch bestimmte Faktoren begünstigen. **Mulch**, also eine Bodendecke aus organischen Materialien, hilft zum Beispiel, da durch die verrottenden Pflanzenreste dem Boden immer wieder Nährstoffe zugeführt werden.

DAS SPART ZEIT!

Mulche deine Beete im Herbst mit dem heruntergefallenen Laub oder immer mal wieder ein bisschen mit Rasenschnitt. Bis zum Frühjahr entsteht dadurch herrlicher Kompost. Aber Achtung, nicht geeignet zum Mulchen ist das Laub von Eichen und Walnussbäumen wegen der enthaltenen Gerbstoffe.

DIE BEWÄSSERUNG

Ohne Wasser wächst nix – aber wie viel braucht so ein Beet? Welche Alternativen gibt es zu Gießkanne und Gartenschlauch? Stundenlanges tägliches Gießen ist nicht nötig, wenn du weißt, wie und wann du am besten deine Pflanzen mit Wasser versorgst.

WIE VIEL MUSS ICH GIESSEN?

Grundsätzlich muss man gut eingewachsene Stauden gar nicht oft gießen; schon gar nicht, wenn es regelmäßig regnet. Bis es so weit mit dem Einwachsen ist, braucht es aber genügend Wassergaben. Bei mir fängt die Bewässerung mit dem Pflanzen an. Wenn die Erde im Topf arg trocken ist, lasse ich die Staude samt Wurzelballen erst einmal eine Runde Wasser ziehen. Das Pflanzloch wässere ich auch kräftig. Das sorgt dafür, dass die Staude gut einwächst. Im ersten Jahr bewässere ich sie regelmäßig und achte darauf, dass der Boden möglichst nicht komplett austrocknet. Ab dem zweiten Jahr wird es dann entspannt. Da gieße ich tatsächlich nur noch in längeren Trockenperioden oder, pflanzenabhängig, wenn eine Staude durstiger ist. Manche brauchen mehr, andere weniger und die meisten zeigen es, indem sie die Köpfe hängen lassen, wenn es ihnen zu trocken ist.

Regenwassersammler werden im Fallrohr der Dachrinne angebracht und leiten das Wasser in das vorgesehene Behältnis um.

Mein Tipp

Sammelst du Regenwasser im Fass, besorge dir ein feines Netz, das du darüber spannst, wenn du kein geschlossenes Gefäß verwendest. Das verhindert, dass Mücken ihre Eier im Wasser ablegen können und man sich die eigene Mückenplage im Garten züchtet!

WANN IST DER BESTE ZEITPUNKT ZUM WÄSSERN?

Der hängt meiner Meinung nach vom eigenen Tagesablauf ab. Da ich morgens die Kinder in die Schule scheuchen muss und dann selbst arbeite, kommt für mich Wässern am Morgen nicht infrage. Dafür ist dann einfach keine Zeit. Ich habe stattdessen in heißen Sommern ein **Gieß-Abendritual**: Musik auf's Ohr, ein Glas Wein dazu und die Sache läuft! Viele empfinden das Gießen des Gartens ja als lästig, ich hingegen versuche dabei zu entspannen. Falls du ein*e **Morgens-Gießer*in** bist: Schaue, dass du den Wasserstrahl auf die Erde zwischen den Stauden richtest. So entstehen keine Wassertropfen auf den Blättern und die Pflanzen bleiben heil.

Das hast du sicher schon gehört: Im Sommer nicht **mittags** gießen! Warum? Das Wasser würde vor allem an heißen Tagen verdunsten, bevor es in die tieferen Regionen des Bodens vordringen kann. Wassertropfen auf Blättern wirken außerdem wie ein Vergrößerungsglas bei Sonneneinstrahlung und verbrennen so deine Pflanzen. **Abends** jedoch hat das Wasser Zeit zu sickern und kommt so an den Wurzeln an.

Schlauch ein bisschen eingraben kann und so weniger Wasser verdunstet. Er gibt das Wasser direkt an den Wurzelbereich ab und kann an eine Wasserleitung oder an eine Pumpe in einer Zisterne angeschlossen werden. Eine Überlegung wert, besonders wenn du gerade ein komplett neues Beet anlegst!

DAS SPART ZEIT!

Ein schneller günstiger Hack fürs Gießen sind Rasensprenger oder Beregner, die man auf bestimmte Bereiche einstellen kann. Diese lassen sich teilweise sogar in Reihen anschließen und so kann man große Bereiche eines Gartens auf einmal bewässern, ohne die ganze Zeit dabeistehen zu müssen.

Mein Tipp

Wässere lieber einmal tiefgründig als mehrere Male oberflächlich. So bilden die Pflanzen längere Wurzeln und können auch mal trockenere Perioden durchstehen.

KEINE ZEIT ZUM GIESSEN?

Ich habe nicht immer Lust zu gießen, vor allem in sehr trockenen, heißen Sommern, in denen ich sehr oft ran muss. Irgendwann will man dann nicht mehr. Um tiefere Bereiche der Erde wirklich zu durchfeuchten, muss man den Gartenschlauch lange an eine Stelle halten. Das dauert und beschäftigt mich trotz kleinem Garten immer über eine Stunde am Abend.

In besonders trockenen und schwer zugänglichen Bereichen meines Gartens liegt deshalb jetzt ein **Perlschlauch**. Das ist ein poröser Schlauch, der auf seiner gesamten Länge langsam Wasser abgibt. So was ist günstig, einfach verlegt und spart Wasser, da man den

Lass die Arbeit ab und zu einfach mal den Rasensprenger machen!

DER SCHNITT

Wer es wild mag, lässt einfach wachsen und schneidet gar nicht. Ich finde dieses Prinzip aber im eigenen Garten nur schwer umsetzbar. Der Staudenschnitt dient einerseits der Pflege der Beete und kann andererseits, ausgeführt zum richtigen Zeitpunkt, wahre Wunder bewirken.

Alte Pflanzenreste kurz über dem neuen Austrieb kappen

RÜCKSCHNITT IM HERBST ODER FRÜHJAHR?

Das ist letztendlich Geschmackssache. Ich selbst schneide den größten Teil meines Gartens erst im Frühjahr zurück. Ein wichtiger Grund dafür sind die vielen Insekten, die in den abgestorbenen Pflanzenresten ihre Eier ablegen und überwintern. Ein weiterer Grund: Der Garten ist im Winter nicht leer! Nach einem Rückschnitt im Herbst hat man nämlich das Problem, dass der Garten recht nackig bis zum Frühjahr aussieht, und das ist eine ganz schön lange Zeit. Ich schneide daher prinzipiell nur die Stauden im Herbst, die anfangen zu gammeln und matschig am Boden liegen. Alles was stramm steht, bleibt. Gräser werden sowieso erst im Frühjahr kurz vor dem Neuaustrieb geschnitten.

Und als Plädoyer für den Rückschnitt im Frühjahr würde ich gerne ein paar Bilder sprechen lassen.

Hier siehst du eine Reihe von Stauden, die im Winter besonders schön im Garten aussehen.

Die Indianernessel hat dicke runde Samenstände, die den ganzen Winter über stehen bleiben.

Phlomis (Brandkraut) ist die Königin der Samenstände im Winter. Die sehr hohe Phlomis tuberosa schmückt hier ein Inselbeet. Mit einem Rückschnitt im Herbst wäre dieses Beet komplett leer.

Auch Echinacea (Purpursonnenhut) hat es verdient, über die kalte Jahreszeit im Beet zu bleiben. Sie sät sich so auch gerne selbst aus!

Es gibt nichts Schöneres als kleine Schneehäubchen auf winterlicher Fetthenne. Die Sorte 'Herbstfreude' ist besonders standfest.

Der Ziest 'Hummelo' wächst auf festen Stängeln und steht auch im Winter wie eine Eins im Beet – ein toller Strukturgeber.

RÜCKSCHNITT FÜR EINE ZWEITE BLÜTE

Ich habe ja bisher schon einige remontierende Stauden vorgestellt, also solche, die zweimal blühen. Meist einmal im Frühsommer und dann, nach einem Rückschnitt, im späten Sommer noch einmal. Vielen verhilft ein Rückschnitt aber auch direkt zu einer neuen Blüte. Katzenminze und Steppensalbei etwa werden, sobald sie verblüht sind (Ende Juni / Anfang Juli), ungefähr 10 Zentimeter (ich sage immer handbreit, die Hand hat man immer dabei) über dem Boden gekappt. Sie treiben dann nach kurzer Zeit komplett neu aus und bilden nach 4 bis 6 Wochen neue Blüten. Bei einigen Storchschnabelarten, Chrysanthemen und Sommerastern dagegen kappt man nur die verblühten Teile und regt so direkt die Bildung neuer Blüten an.

Den Steppensalbei 'Caradonna' schneide ich nach der Blüte handbreit über dem Boden zurück. In Kürze treibt er neu aus und blüht innerhalb von 4 bis 6 Wochen erneut – dann meist bis in den Herbst hinein.

Mein Tipp

Wer Stauden wie Katzenminze und Ziersalbei für eine zweite Blüte zurückschneidet, der kann die Pflanzen mit etwas Dünger und guter Wässerung zu einem schnelleren Neuaustrieb bringen.

CHELSEA CHOP ODER RÜCKSCHNITT IM MAI

Mir war es immer unbegreiflich, warum ich meine wunderschön gewachsenen Stauden im Mai um ein Drittel einkürzen sollte. Jahrelang brachte ich das nicht übers Herz, bis ich mich näher mit dem sogenannten **Chelsea Chop**, einer bestimmten Schnittart, beschäftigt habe. Der Chelsea Chop hat seinen Namen angelehnt an die Chelsea Flower Show – einer riesigen Gartenschau, die jährlich im Londoner Stadtteil Chelsea stattfindet. Mit dem Chelsea Chop wird die Blüte verlängert, indem man einen Teil der Triebe von spät blühenden Stauden um ein Drittel eingekürzt. Die beschnittenen Teile treiben etwas später neu aus, verzweigen sich und blühen so zwar nicht mehr ganz so üppig, dafür aber etwas verzögert. Insgesamt hat die Staude auf diese Weise eine verlängerte Blüte.

Schöner Nebeneffekt: Schneidet man nur den äußeren Rand zurück, wird die Staude durch die Verzweigung gestützt und kippt nicht mehr so schnell. Wenn du also im Sommer merkst, dass deine Fetthenne oder die Herbstastern arge Schräglage bekommen, überlege dir, ob du den Chelsea Chop nicht mal im nächsten Mai ausprobieren möchtest. Es kostet Überwindung, aber es lohnt sich!

STAUDEN, DIE SICH FÜR DEN CHELSEA CHOP EIGNEN

- → Raublattastern
- → Glattblattastern
- → Hohe Fetthenne
- → Indianernessel
- → Flammenblumen
- → Sonnenhüte

Die Flammenblume blüht etwas später, dafür länger nach dem Schnitt. Auch hier wird ein Drittel der Staude gekappt. Sie verzweigt sich dann und bildet mehr, dafür kleinere Blüten.

Bei der Fetthenne schneide ich die äußeren Triebe um ⅓ zurück. Das verleiht ihr Standfestigkeit und sie kippt nicht so schnell.

Mein Tipp

Hebe die abgeschnittenen Stücke auf! Daraus lassen sich Stecklinge machen und du kannst dir ganz einfach deine eigenen Stauden ziehen (siehe Seite 100).

Fetthenne zieht in der Vase ganz schnell Wurzeln und kann wieder gepflanzt werden.

UNKRAUT LOSWERDEN

Das hilfreichste Mittel gegen Unkräuter im Garten ist Jäten. Man kann den Umfang stark reduzieren, wenn man sich an gewisse Regeln hält. Bitte verzichte auf Herbizide! Die schaden nicht nur dem Unkraut, auch die Tierwelt kommt mit den Giften nicht klar!

MULCHEN GEGEN UNKRAUT

Die Beete sollten möglichst dicht bewachsen sein, denn da wo Stauden den Boden bedecken, kann kein oder nur wenig Unkraut wachsen. Es hilft, wenn die Stauden noch nicht so groß sind, dazwischen zu mulchen. Allerdings rate ich von Rindenmulch ab. Den Fehler habe ich am Anfang gemacht und mir ist alles dahingekümmert. Rindenmulch entzieht dem Boden Stickstoff, den die Stauden dringend zum Wachsen brauchen. Außerdem riecht er auch nicht wirklich angenehm ... Bringe lieber Rasenschnitt dünn auf. Unkraut immer vor der Blüte entfernen! Wenn sich erst mal Samen bilden, ist es schon zu spät. Gut ist es, wenn man weiß, wie welches Unkraut wächst.

DIE NERVIGSTEN UNKRÄUTER

GIERSCH

Giersch war jahrelang mein Endgegner im Garten – ein perfides Teufelszeug. Giersch kann ganze Beete platt machen, denn nur die wenigsten Stauden halten ihm Stand. Ich weiß, einige schätzen Giersch als Heilkraut und machen daraus Salat oder Smoothies. Ich bekomme Aggressionen, wenn ich ihn im Garten sehe. Warum? Ist Giersch einmal im Beet, wird man ihn so schnell nicht mehr los. Er verbreitet sich gerne in dunklen feuchten Ecken. Dabei bildet er ein unterirdisches Wurzelgeflecht. Um ihn aus dem Beet zu bekommen, muss man wirklich restlos selbst das kleinste Stück Wurzel entfernen. Giersch kann nämlich aus winzigen Wurzelteilen neu austreiben. Also am besten schon bei der ersten Sichtung direkt ran, damit er sich nicht breitmachen kann.

Mein Tipp

Bei größerem Gierschvorkommen am besten den Boden ca. 20 bis 30 Zentimeter tief abtragen und von den Wurzeln befreien. Das klingt erstmal nach viel Arbeit und das ist es auch, aber alles andere ist nicht effektiv.

LÖWENZAHN UND DISTEL

Warum ich die beiden zusammenfasse? Aufgrund der Beschaffenheit ihrer Wurzeln. Beide bilden Pfahlwurzeln, die ganz tief in der Erde verankert sind. Aus allen Teilen dieser Wurzeln können sie neu austreiben. Daher müssen die Wurzeln komplett entfernt werden, um diesen Unkräutern den Garaus zu machen. Aber Achtung: Beide haben eine „Sollbruchstelle" direkt an der Erdoberfläche. Ziehst du also nur am Grün, reißt es garantiert knapp über dem Boden ab und die Wurzel bleibt im Boden. Daher immer die Wurzel mit ausstechen – all das, bevor die Pflanze Samen bilden kann.

LÖWENZAHN

GIERSCH

SAUERKLEE

Auch Springklee genannt, da er seine Samen, sobald man ihn berührt, im hohen Bogen wegschleudert. Fieser geht es kaum! Daher muss Sauerklee aus dem Beet – am besten noch bevor sich die kleinen gelben Blüten bilden. Leider ist das gar nicht so einfach, da auch Sauerklee an seinen Wurzeln austreiben kann. Daher sollte man die Wurzelgeflechte komplett ausgraben. Ich hatte nie Sauerklee im Garten, aber irgendwann war er da. Wahrscheinlich durch Samen in der Erde einer Staudenlieferung. Daher möglichst immer die obere Schicht Erde von gelieferten Stauden vor dem Pflanzen entsorgen.

ZAUNRÜBE

Es ist unfassbar, wie sich dieses kletternde Unkraut vermehrt und in Windeseile Pflanzen berankt. Es gibt zig Variationen davon, die alle eines gemeinsam haben: Sie erklimmen alles, was in ihrer Nähe ist. Gräbt man auch hier nicht die gesamte Wurzel mit aus, treibt die Zaunrübe in Kürze erneut aus.

QUECKE

Ein Gras, das ganz unscheinbar zwischen Stauden wachsen kann, sich dann aber rasant über sein Wurzelgeflecht ausbreitet. Dabei bildet es meterlange Ausläufer (Rhizome) und kann an jeder beliebigen Stelle neu austreiben. Auch hier hilft es nicht, Teile rauszureißen. Das Wurzelgeflecht muss komplett ausgegraben und entsorgt werden.

ACKERWINDE / ZAUNWINDE

Die Ackerwinde klettert an Pflanzen hoch und kann sie so stark schwächen. Sie loszuwerden ist nur ganz schwer möglich, da sie nicht bloß hoch klettert, sondern auch sehr tief wurzelt. Dabei bildet sie Rhizome, an denen sie ständig neu austreibt. Man kann die komplette Pflanze schwächen, indem man sie immer wieder kappt und versucht, möglichst große Teile der Wurzel zu entfernen.

Mein Tipp

Beim Kampf gegen Unkräuter sollte man vor allem eins sein: schnell! Je früher man ein Unkraut erkennt und es richtig entfernt, desto weniger Aufwand kostet es später. Und wenn es doch einmal zu einem größeren Ausbruch kommt, lieber einmal viel Arbeit investieren und akribisch alles entfernen, als auf Dauer ständig Ärger damit zu haben.

TROUBLESHOOTING – DAS MACHE ICH, WENN ...

Nicht immer läuft alles glatt im Beet und ich kann dir hier leider keine Lösung für alle Gartenprobleme bieten. Mit gewissen Dingen wirst du aber im Laufe deiner Gartenzeit garantiert konfrontiert werden und dann kannst du mithilfe meiner folgenden Tipps direkt handeln.

DIE STAUDE WIRD VIEL HÖHER ALS ANGEGEBEN

Das liegt meist am falschen Standort und am Boden. Bestes Beispiel kann ich aus eigener Erfahrung liefern: Ich habe meinen Steppensalbei 'Caradonna' halbschattig in meinen fetten Lehmboden gepflanzt. Zu Beginn der Blüte sah er top aus. Im Laufe der Blühphase wurde er aber immer höher (das liegt am Boden) und hat sich irgendwann Richtung Sonne geneigt (das liegt am Halbschatten). Umpflanzen an einen sonnigeren Standort und etwas Sand zum Lockern des Bodens bewirken hier Wunder!

DIE FETTHENNE FÄLLT AUSEINANDER

Der Grund für dieses typische Problem ist oft ein zu fetter oder zu nasser Boden. Es gibt folgende Lösungen dafür: Sorten kaufen, die nicht so leicht kippen wie *Sedum telephium* 'Herbstfreude'. Wenn die Staude schon im Beet ist, bringt einem dieser Hinweis aber nichts, daher achte auf folgendes: Die Fetthenne braucht keinen Dünger und nur wenig Wasser. Wenn der Horst zu groß wird, muss man die Staude irgendwann teilen – auch das hilft gegen das Auseinanderfallen. Last but not least kann man den Chelsea Chop anwenden und die äußeren Triebe etwa um ein Drittel kürzen.

MEINE ASTERN WERDEN GANZ WEISS UND GEHEN EIN

Da kann es sich eigentlich nur um Mehltau handeln. Vor allem Kissenastern (*Aster dumosus*) und Glattblattastern (*Aster novi-belgii*) neigen zu Mehltau. Wichtig ist, dass sie einen luftigen sonnigen Standort haben und nach Regen schnell abtrocknen können. Eine stete Zufuhr von Wasser ist unabdinglich. Wenn der Mehltau erst mal da ist, hilft das Spritzen von Milch (Frischmilch, keine H-Milch!) im Verhältnis 1:8 mit Wasser verdünnt. Auch Flammenblumen und Indianernesseln sind anfällig für Mehltau und können mit dem Milch-Wasser-Gemisch gespritzt werden. Und auch hier der Tipp für die Neuanlage von Beeten: mehltauresistente Sorten kaufen.

STORCHSCHNABEL NIMMT RIESIGE AUSMASSE AN

Vor allem die Sorte 'Rozanne' kann mit zunehmendem Alter im Laufe der Saison riesig werden. 1 bis 2 Quadratmeter bei einer Pflanze sind da gut drin. Leider liegen die Blüten dann oft unschön ausgebreitet im Beet. Wem das nicht gefällt, kann den Storchschnabel einfach in der Mitte der Saison komplett zurückschneiden. In 2 bis 3 Wochen ist er wieder frisch und standfester ausgetrieben und blüht sogar bald wieder.

PURPURSONNENHUT LÄSST DIE BLÄTTER HÄNGEN

Bei Purpursonnenhut (*Echinacea*) gehen viele von einem vollsonnigen Standort aus. Meiner Erfahrung nach fühlt er sich im Halbschatten aber wesentlich wohler. Vor allem in unseren heißen trockenen Sommern bin ich bei dieser Staude mit halbschattigen Standorten besser gefahren und musste weniger gießen.

HOHE STAUDEN KIPPEN

Das lässt sich leider bei vielen Stauden gar nicht vermeiden. Gerade höhere Astern kippen ganz gern und die meisten Sorten der Prachtkerze sind ebenfalls solche Kandidaten. Ich stütze meine Kipp-Kandidaten mit standfesten vorgepflanzten Stauden oder mit gut verzweigten Ästen. Das hat den Vorteil, dass man diese unauffällig im Beet „verschwinden lassen" kann. Die typischen grünen Staudenstützen aus Metall fallen meistens zu sehr auf. Die Äste wiederum sieht man fast gar nicht im Beet. Damit lassen sich auch Pfingstrosen super abfangen.

DAS BEET WÄCHST EINFACH NICHT ZU

Das könnte zwei Gründe haben: Ungeduld (mein größtes Problem!) und Stauden am falschen Standort. Wenn eine Staude nicht so richtig in die Puschen kommt, stimmt meistens der Standort nicht oder die Qualität der Staude. Am besten umpflanzen und eine andere eventuell kompatiblere Staude wählen (meine Stauden kennen das Roulette im Garten schon). Ansonsten können Lücken im ersten Jahr auch mit Einjährigen gefüllt werden.

DEN AST, DER DIE ASTER 'VIOLETTA' HIER HÄLT, SIEHT MAN GAR NICHT.

ÜBERALL SÄMLINGE IM BEET

Einige Stauden säen sich sehr gerne selbst aus. Da hilft nur schneller sein und die Samenstände am besten direkt nach der Blüte abschneiden. Bei manchen freut man sich aber auch – wie ich über die Sämlinge des Purpursonnenhuts. Die verpflanze ich, sobald ich welche finde und verteile ihn so im ganzen Garten. Aber bei Leinkraut oder Kaukasus-Gamander muss man wirklich schnell sein, wenn man nicht ein Meer der jeweiligen Staude im Beet haben will.

SCHNECKENPLAGE AN DEN FUNKIEN

Da gibt es einen ganz einfachen Trick: Funkien mit starken, dicken, ledrigen Blättern pflanzen. Die mögen Schnecken nämlich nicht! An meine 'Elegans' und 'Big Daddy' (beides Blaublatt-Funkien-Sorten) wollte bisher noch keine Schnecke ran.

BLATTLÄUSE AN FRÜHBLÜHERN, STAUDEN UND ROSEN

Gerade wenn der Winter nicht ganz so kalt war, kann das schon mal vorkommen. Ich warte meistens ab, bis die ersten Marienkäfer anrücken, dann hat sich das Problem ziemlich schnell erledigt. Man kann die Läuse auch abzupfen oder mit einem starken Wasserstrahl abspritzen. Wenn es zu viele werden, hilft Seifenlauge oder eine Emulsion aus Neem-Öl – jeweils im Verhältnis 1:10 mit Wasser gemischt.

BLATTLÄUSE MACHEN SICH ÜBER DIE RESTE EINER TULPE HER.

BLATTLÄUSE SIND DIE LEIBSPEISE VON MARIENKÄFERN.

KAPITEL 05

Keine ZEIT zum VERMEHREN

Einer der schönsten Gartenmomente war für mich, als ich merkte, dass ich (eigentlich) keine Stauden mehr kaufen muss, sondern einfach die eigenen vermehren kann. Das geht leichter als gedacht und muss sogar teilweise sein, um ihre Blühfreudigkeit und ihren Wuchs zu erhalten. Ob eine Vermehrung durch Teilen, durch Stecklinge oder Samen – es ist tatsächlich alles nicht so zeitaufwendig, wie man denkt. Zudem ist es nachhaltig und kostengünstig.

VERMEHRUNG DURCH TEILEN

Diese Art der Vermehrung ist eine ganz logische Sache: Wird eine Staude oder ein Gras zu groß, nehme ich einen Spaten und teile sie in kleinere Stücke. Diese kann ich dann an eine andere Stelle setzen. Das funktioniert einfach, schnell und ohne Töpfe.

Während man diese Art der Vermehrung bei vielen Stauden immer wieder nach Bedarf anwenden kann, gibt es andere, die man nach einiger Zeit sogar teilen muss oder sollte, da sie sonst verkahlen oder blühfaul werden.

ASTERN

Sie beginnen ab einer gewissen Größe untenrum zu verkahlen. Heißt, sie bilden nur noch dürre Stängel und keine Blätter mehr. Das passiert vor allem dann, wenn die Horste zu groß werden und im Inneren kein Licht mehr ankommt. Daher sollte man gerade Astern alle 2 bis 3 Jahre teilen. Am einfachsten geht das, indem man die komplette Pflanze aus dem Boden nimmt, mit dem Spaten beherzt zusticht und je nach Größe mehrere Teile draus macht. Andere Sorten bilden Ausläufer und werden auf Dauer einfach zu groß. Auch hier kann man einfach mit dem Spaten einen Teil abtrennen. Bester Zeitpunkt: Frühjahr.

PURPURGLÖCKCHEN

Das Purpurglöckchen wird mit der Zeit gerne ein bisschen struppig und ist nicht mehr so schön kompakt. Einige Sorten heben sich regelrecht aus dem Boden. Da hilft entweder ein Rückschnitt im Frühjahr oder das Teilen. Dabei immer darauf achten, dass genug Wurzeln an den Teilstücken verbleiben. Bester Zeitpunkt: Frühjahr.

KAUM GETEILT, SCHON IM BEET: ASTERN LASSEN SICH AUF DIESE ART PRIMA VERMEHREN!

GRÄSER WIE LAMPENPUTZERGRAS

Solche Gräser wachsen horstig und können mit den Jahren wirklich groß werden. Wenn man merkt, dass die Blüte im Spätsommer weniger wird oder gar ganz ausbleibt, ist es Zeit zum Teilen (meistens nach 4 bis 5 Jahren). Eine Teilung erfolgt immer im Frühjahr vor dem Austrieb. Das Gras etwa handbreit über dem Boden zurückschneiden, dann – wenn nötig – komplett ausheben. Jetzt kann der Horst geteilt werden, was je nach Größe sehr kraftaufwendig werden kann. Eine Säge erleichtert die Arbeit! Bester Zeitpunkt: Frühjahr.

BARTIRIS

Die Bartiris wird mit den Jahren blühfaul und sollte zum Erhalt der Vitalität nach einiger Zeit geteilt werden. Hierbei werden die Rhizome ausgegraben und per Hand durch Auseinanderziehen geteilt. Jedes Teilstück sollte Blätter haben, die bis auf ein paar Zentimeter eingekürzt werden. Auch die Wurzeln solltest du bis auf 3 bis 4 Zentimeter kappen. So vorbereitet kann das Bartiris-Rhizom wieder neu gepflanzt werden. Bester Zeitpunkt: Spätsommer.

WEITERE STAUDEN

Purpursonnenhut, Fetthenne, Salbei, Katzenminze, Storchschnabel – alles Stauden, die du ganz einfach durch Teilen vermehren kannst. Dabei klappt das bei einigen durch Ausheben und Teilen, andere ausläuferbildende Stauden (Kissen-Astern, Chinesischer Bleiwurz, Cambridge-Storchschnabel) können einfach aus dem Boden gezogen und einzelne Teilstücke neu gepflanzt werden. Bester Zeitpunkt: Herbst oder Frühjahr.

Die *Aster ageratoides* 'Asran' gehört zu den Ausläufer bildenden Stauden. Die Teilstücke mit Wurzeln können an anderer Stelle wieder gepflanzt werden.

VERMEHRUNG DURCH STECKLINGE

Wenn sich Stauden nicht so einfach teilen lassen, über Samen nicht sortenrein bleiben oder man einfach möglichst schnell viele Stauden produzieren möchte, dann sind Stecklinge eine gute Wahl.

Diese Art der Vermehrung ist etwas aufwendiger, aber beherrscht man sie einmal, steht dem Staudenglück im Garten nichts mehr im Weg. Sie funktioniert fast mit allen Stauden und sogar Hortensien kannst du so vermehren.

Bei dieser Methode schneidet man, sobald die Staude eine gewisse Höhe erreicht hat, den oberen Austrieb der Staude vor der Bildung einer Blütenknospe ab und lässt diese Teile in kleinen, mit Anzuchterde gefüllten Töpfen Wurzeln ziehen. Achte nur, wie schon erwähnt, darauf, dass noch keine Blütenansätze gebildet wurden und wenn doch, schneide sie weg, dann geht nichts schief. Ein sehr guter Zeitpunkt dafür ist der Monat Mai – ich habe aber teilweise gerade bei Herbst-Astern auch später Erfolg mit Stecklingen gehabt.

DAS SPART ZEIT!

Wer ganz auf Nummer sicher gehen will: Es gibt spezielle Wurzelbildungspulver, die das Wurzelwachstum anregen. Hierfür wird der Stiel des Stecklings vor dem Pflanzen erst in das Pulver getunkt und dann in den Topf gesetzt. Er bildet damit wesentlich schneller Wurzeln.

Du erinnerst dich vielleicht an den **Chelsea Chop** (siehe Seite 88)? Genau diese Stücke, die du hier wegschneidest, kannst du super zum Ziehen von Stecklingen verwenden.

Mein Tipp

Heb die kleinen Töpfe von deinen Staudenkäufen immer auf! Sie sind perfekt für die Anzucht von Stecklingen.

STEP BY STEP

1. Unter einem der oberen Blattpaare mit einem scharfen Messer kappen.
2. Das unterste Blattpaar entfernen.
3. In feuchte Erde in einen Pflanztopf stecken.
4. Die Pflanze 3 bis 4 Wochen an einen **schattigen Ort** stellen. Feucht halten, dafür eventuell abdecken, um die Luftfeuchtigkeit zu erhöhen. Sie sollte aber nicht zu nass stehen, da der Steckling sonst fault.
5. Nach dieser Zeit kann man schauen, ob sich bereits Wurzeln gebildet haben.
6. Dann entweder in einem größeren Topf weiter ziehen oder einfach ins Beet pflanzen.

Auf diese Art lassen sich sehr einfach folgende Stauden vermehren:

→ Aster
→ Katzenminze
→ Salbei
→ Indianernessel
→ Fetthenne
→ Storchschnabel
→ Lavendel
→ Flammenblume

VERMEHRUNG DURCH SAMEN

Es gibt eine ganze Reihe von Stauden, die sich selbst aussäen – zum Beispiel Purpursonnenhut oder Fingerhut. Wenn man das nicht will, kann man die Samen einsammeln und gezielt aussäen.

Denn was die Natur hinkriegt, schaffen wir auch: Die Samen der Stauden einfach schnell nach der Blüte einsammeln, bevor sie ins Beet fallen, und sie dann – ganz wichtig! – **trocken lagern**. Am besten klappt das in kleinen Samentütchen aus Papier, denn dann kann eine eventuell noch enthaltene Restfeuchtigkeit austreten. Bei größeren Samen sind die guten alten Butterbrottüten hilfreich – die nehme ich zum Beispiel immer für die Samen von Sterndolde und Purpursonnenhut.

Die **Aussaat** erfolgt dann entweder direkt an entsprechender Stelle im Beet im Herbst oder drinnen auf der Fensterbank ab März. Man unterscheidet bei den Samen zwischen Licht- und Dunkelkeimern. **Lichtkeimer** legt man nur auf die Erde, **Dunkelkeimer** werden mit Erde bedeckt. Hier gilt das gleiche Prinzip wie beispielsweise bei einjährigen Schnittblumen: Winzige Samenkörner sprechen meist für Lichtkeimer, während die größeren eher zu den Dunkelkeimern zählen.

ANZUCHT AUF DER FENSTERBANK

AUSSAAT IN SAATSCHALEN

Ich erziele bei der Aussaat in Saatschalen die besten Erfolge. Die Schalen haben meist einen passenden durchsichtigen Deckel und speichern so besser die Feuchtigkeit, die zur Keimung benötigt wird. Die Saatschale an einen hellen Ort stellen und die Erde feucht halten. Sobald sich die ersten richtigen Blätter nach den Keimblättern gebildet haben, können die kleinen Pflänzchen pikiert (vereinzelt) werden. Hierfür hebst du sie vorsichtig mit ihren zarten Wurzeln aus der Erde und setzt sie einzeln in größere Töpfe. Wenn aus ihnen kräftige Pflanzen geworden sind, können sie ins Beet wandern.

WELCHE STAUDEN EIGNEN SICH FÜR DIE AUSSAAT?

Sehr gut klappt es mit den Dunkelkeimern Purpursonnenhut (*Echinacea purpurea*) und Sterndolde (*Astrantia*). Diese Stauden kannst du prima im Herbst direkt im Beet aussäen. Dort sollte der Samen leicht mit Erde bedeckt und stets feucht gehalten werden. Auch Christrosen lassen sich so vermehren. Leinkraut, Fingerhut, Mohn, Akelei, Spanisches Gänseblümchen und Pechnelke gehören zu den Lichtkeimern. Diese Samen werden nur leicht angedrückt.

Aber wie sehen die Keimlinge dieser Stauden im Beet aus, wenn sie sich selbst ausgesät haben oder du sie an gewünschter Stelle gesät hast? Ist das jetzt Unkraut oder eine Baby-Staude? Oft lässt sich das nur schwer unterscheiden. Am besten markierst du dir die Stellen im Beet, an denen du Stauden ausgesät hast. Das gilt auch für die Aussaat von Einjährigen. Im Zweifelsfall lieber stehen lassen und warten, bis sich eindeutig erkennen lässt, ob es nun Staude oder Unkraut ist.

LEGENDE

- Blüte
- Standort
- Höhe
- Pflanzenbedarf
- Aussaat
- Pflanztiefe
- Empfehlung

KAPITEL 06

Pflanzen-PORTRÄTS

Hier findest du eine kleine feine Auswahl meiner Lieblingszierpflanzen. Da wir ja Zeit sparen wollen und uns nicht unnötig mit zickigen Pflanzen belasten wollen, sind im Folgenden hauptsächlich unkomplizierte aufgelistet. Das sind vor allem Stauden, die ich nicht totgekriegt habe – und glaub mir, das will was heißen! Und sollte bei der ein oder anderen Pflanze doch mal ein bisschen mehr Aufwand nötig sein, steht es im Porträt dabei. Dann kannst du selbst entscheiden, ob es dir den Aufwand wert ist.

SONNENANBETER

STAUDEN FÜR SONNIGE STANDORTE

AGASTACHE RUGOSA-HYBRIDE 'BLACK ADDER'

Die **Duftnessel** bildet blauviolette Blütenkerzen und zieht Schmetterlinge magisch an. Auch im Winter sieht sie toll aus und gibt Struktur!

- Juli bis September
- sonnig und trocken
- 80–100 cm
- ca. 4 Stück pro Quadratmeter

AQUILEGIA VULGARIS 'CLEMENTINE WHITE'

Die **Akelei** ist ein anspruchsloser Frühblüher mit riesiger Sortenvielfalt. Sie versamt sich gerne und kommt dann gern mal in anderer Form und Farbe wieder.

- Mai bis Juli
- sonnig bis halbschattig
- 40–50 cm
- 10 pro Quadratmeter

ASTER AMELLUS 'VEILCHENKÖNIGIN'

Diese **Sommer-Aster** ist mein Liebling unter den Astern. Sie blüht bis zum ersten Frost in einem beeindruckenden Blauviolett. Noch dazu ist sie absolut mehltauresistent!

- August bis Oktober
- sonnig
- 50–60 cm
- 6 Stück pro Quadratmeter

ASTER DUMOSUS 'ROSENWICHTEL'

Kleine **Kissen-Aster**, die bei mir im Beetvordergrund wächst und sich super gut vermehren lässt. Sie neigt nur bei überaus starker Trockenheit zu Mehltau, ist ansonsten sehr robust.

September bis Oktober
sonnig
20–25 cm
11 Stück pro Quadratmeter, vermehrt sich über Ausläufer

ASTER DUMOSUS 'HERBSTGRUSS VOM BRESSERHOF'

Diese **Kissen-Aster** hat üppig blühende rosa Blütenkissen. Am falschen Standort und mit zu wenig Wasser neigt sie zu Mehltau.

September bis Oktober
sonnig
40–60 cm
10 Stück pro Quadratmeter

ASTER ERICOIDES 'SNOWFLURRY'

Die **Teppich-Myrten-Aster** breitet sich mit ihren unzähligen Blüten teppichartig aus. Sie kommt super mit Trockenheit klar und stellt an den Boden keine Ansprüche.

September bis Oktober
sonnig
15–25 cm
4 Stück pro Quadratmeter

ASTER NOVAE-ANGLIAE 'PURPLE DOME'

Noch so ein lila Knaller im Beet. Diese Sorte der **Raublatt-Aster** blüht sehr spät, dafür bis zum ersten Frost. Sie kippt nicht und ist resistent gegen Mehltau.

September bis November
sonnig
50–60 cm
4 Stück pro Quadratmeter

ASTER NOVAE-ANGLIAE 'BARR'S PINK'

Üppig blühende **Raublatt-Aster** in kühl leuchtendem Pink, die an sonniger Stelle sehr standfest ist. Sie ist sehr wüchsig und selbst kleine Stecklinge nehmen schnell an Größe zu.

- September bis Oktober
- sonnig
- 140–150 cm
- 1 Stück pro Quadratmeter
- 'Violetta' und 'Andenken an Paul Gerber'

KALIMERIS INCISA 'MADIVA'

Schönaster, frei von Mehltau und ein absolutes Must-have im Garten! Die zartlila, fast weißen Blüten strahlen den ganzen Sommer über.

- Juli bis Oktober
- sonnig bis halbschattig
- 60–80 cm
- 2 Stück pro Quadratmeter

CAMPANULA CARPATICA 'WEISSE CLIPS'

Diese zierliche **Karpaten-Glockenblume** bildet üppige Blütenkissen. Sie ist sehr robust und kommt zuverlässig jedes Jahr wieder.

- Juni bis Juli
- sonnig (schön im Beetvordergrund)
- 20–30 cm
- 10 Stück pro Quadratmeter

COSMOS ATROSANGUINEUS

Die **Schokoladen-Cosmea** mit Blüten in samtigem Rot ist nicht frosthart, zählt aber trotzdem zu meinen Lieblingen. Sie duftet – daher der Name – nach Schokolade!

- Juli bis Oktober
- sonnig
- 40–60 cm
- 9 Stück pro Quadratmeter

ECHINACEA PURPUREA

Der **Purpursonnenhut** ist ein Dauerblüher und Farbknaller im Beet. Er verdient mit seiner langen Blütezeit und den schönen Samenständen im Winter einen Platz in jedem Garten.

- Juli bis September
- sonnig
- 70–100 cm
- ca. 8 Stück pro Quadratmeter
- *Echinacea purpurea* 'Alba' (weiß)

EUPHORBIA AMYGDALOIDES 'PURPUREA'

Die **Mandelblättrige Purpur-Wolfsmilch** wächst kräftig und ohne viel Wassergaben und liefert im Winter ein wunderschönes Bild. Färbt sich im Herbst in der Sonne knallrot.

- April bis Juni
- sonnig bis halbschattig
- 30–40 cm
- 4 Stück pro Quadratmeter

ERIGERON KARVINSKIANUS

Das **Spanische Gänseblümchen** ist bedingt winterhart, aber ein niedlicher Dauerblüher, der in den kleinsten Ritzen wächst. Es hält volle Sonne und Trockenheit gut aus.

- Juni bis Oktober
- sonnig
- 20–30 cm
- 10 bis 11 Stück pro Quadratmeter

GAURA LINDHEIMERI

Die **Prachtkerze** bringt mit ihren luftigen Blütenwolken Leichtigkeit in jedes Beet. Sie hat eine lange Blütezeit, kommt sehr gut mit Trockenheit klar und ist super kombinierbar.

- Juli bis Oktober
- sonnig, trocken
- 60–100 cm
- ca. 6 Stück pro Quadratmeter
- *Gaura lindheimeri* 'Whirling Butterflies'

GERANIUM CINEREUM 'BALLERINA'

Eine niedliche kleine Sorte des **Grauen Storchschnabels** mit dunkelpink geaderten Blüten, die gut für den Beetrand geeignet ist. Trockenheit macht ihr nichts aus.

- Juni bis September
- sonnig
- 20 cm
- 25 Stück pro Quadratmeter

GERANIUM PRATENSE 'MIDNIGHT REITER'

Wunderschöner **Wiesen-Storchschnabel** mit rotbraunem Laub und leuchtend blauen Blüten, die einen tollen Kontrast zum dunklen Laub bilden.

- Juni bis August
- sonnig
- 40–50 cm
- 11 Stück pro Quadratmeter

GERANIUM SANGUINEUM 'RON LEED'

Der **Blut-Storchschnabel** ist ein absolut robuster Dauerblüher mit dunklen pinken Blüten und wintergrünem Laub.

- Juni bis August
- sonnig bis halbschattig
- 20–30 cm
- 16 Stück pro Quadratmeter (sehr wüchsig!)

GERANIUM WLASSOVIANUM

Sibirischer Storchschnabel trägt eher unscheinbare blauviolette Blüten, dafür ist die Herbstfärbung des Laubs spektakulär.

- Juli bis September
- sonnig bis halbschattig
- 30–40 cm
- 8 Stück pro Quadratmeter

IRIS BARBATA-ELATIOR

Die **Hohe Bartschwertlilie** ist eine unkomplizierte Staude mit vielen Sorten, die sich leicht vermehren lässt und auch nach der Blüte eine gute Struktur im Beet gibt.

- Mai
- sonnig, trocken, nicht zu tief einpflanzen
- je nach Sorte 60–100 cm
- 4 Stück pro Quadratmeter
- *Iris barbata-elatior* 'Rosalie Figge' (remontiert)

LAVANDULA ANGUSTIFOLIA 'HIDCOTE BLUE'

Wunderschöner **Lavendel** mit einer tiefblauen Blüte und angenehmem Duft. Ein Rückschnitt nach der ersten Blüte fördert eine zweite.

- Juli bis September
- sonnig
- 25–40 cm
- 8 bis 10 Stück

LINARIA PURPUREA 'CANON J. WENT'

Das **Rosa Leinkraut** überzeugt mit einer Blütenfülle und langen Blütezeit. Es sollte auf kargem Boden in der vollen Sonne stehen. Achtung: Leinkraut sät sich stark selbst aus.

- Juli bis Oktober
- sonnig
- 60–80 cm
- 9 Stück pro Quadratmeter

LYCHNIS VISCARIA 'FEUER'

Diese **Pechnelke** leuchtet im Frühjahr mit einem intensiven Pink im Beet. Sie lässt sich ganz einfach aussäen!

- Mai bis Juni
- sonnig
- 20–50 cm
- 10 bis 12 Stück pro Quadratmeter

MONARDA FISTULOSA

Die **Indianernessel** neigt zu Mehltau und ist etwas zickig. Mittlerweile gibt es aber einige resistente Züchtungen.

- Juli bis September
- sonnig
- von 40–100 cm ist alles dabei
- 4 Stück pro Quadratmeter
- *Monarda fistulosa* 'Beauty of Cobham' und *Monarda fistulosa var. menthifolia* 'Mohikaner'

NEPETA

Katzenminze ist wunderschön in Kombination mit dunklem Salbei. Eine absolute Anfängerstaude, die sich durch Stecklinge sehr einfach vermehren lässt.

- Mai bis August/September
- sonnig
- 30–80 cm (sortenabhängig)
- 8 bis 10 Stück pro Quadratmeter
- *Nepeta racemosa* 'Superba'

PAEONIA

Die gefüllten Blüten der **Pfingstrose** sind teilweise sehr schwer, daher müssen viele Sorten gestützt werden. Sollte am gewählten Standort bleiben, da sie Platzwechsel nicht mögen.

- Mai bis Juni
- sonnig
- 80–100 cm
- 1 bis 3 Stück pro Quadratmeter

PHLOMIS TUBEROSA 'AMAZONE'

Die *Tuberosa*-Sorten sind zartlila und ein Traum – brauchen allerdings viel Platz! **Brandkraut** in allen Varianten ist im Winter unverzichtbar im Garten.

- Juni bis Juli
- sonnig
- sortenabhängig 50–100 cm
- 4 pro Quadratmeter

PHLOX AMPLIFOLIA

Die **Flammenblume** neigt zu Mehltau, wenn er am falschen Standort steht oder zu wenig Wasser bekommt. Die *Amplifolia*-Sorten sind etwas resistenter.

- Juli bis August
- sonnig
- gut 1 m
- 2 Stück pro Quadratmeter
- *Phlox amplifolia* 'David' (weiße Blüte)

PULSATILLA VULGARIS

Die **Küchenschelle**, auch als Kuhschelle bekannt, ist eine der ersten blühenden Stauden im Frühjahr und auch nach dem Verblühen schön anzusehen.

- März/April in den Variationen Lila, Weiß oder Rot
- sonnig
- 20 cm
- 11 Stück pro Quadratmeter (z. B. einzeln in kleinen Tuffs setzen)

SALVIA 'AMISTAD'

Die Blüten von diesem **Gartensalbei** haben ein tolles dunkles Lila. Ich kombiniere ihn gerne mit hellen Astern, im Herbst mit Gehölzen mit Herbstfärbung. Er ist bedingt winterhart.

- Ende Mai bis zum ersten Frost
- sonnig
- ca. 1 m, schießt aber auch gern mal drüber hinaus!
- max. 3 Pflanzen pro Quadratmeter

SALVIA NEMOROSA

Steppensalbei ist unkompliziert und wächst auf gut durchlässigem Boden zuverlässig. Remontiert nach Rückschnitt.

- Juni bis September
- sonnig
- 40–80 cm (sortenabhängig)
- 8 Stück pro Quadratmeter
- *Salvia nemorosa* 'Caradonna' (lila, ca. 60 cm) und *Salvia nemorosa* 'Schneehügel' (weiß, ca. 40 cm)

SEDUM SPECTABILE 'CARL'

Leuchtend pinke Blüten und eine geringere Höhe als 'Herbstfreude' und 'Matrona', deshalb ist das **Prächtige Fettblatt** perfekt für den Beetvordergrund.

- August bis September
- sonnig
- 40–50 cm
- 9 Stück pro Quadratmeter

SEDUM TELEPHIUM

Das **Hohe Fettblatt**, auch Fetthenne genannt, ist im Herbst und Winter nicht wegzudenken.

- August bis September
- sonnig
- 60 cm
- 4 Stück pro Quadratmeter
- *Sedum telephium* 'Matrona' (dunkles Laub!) und *Sedum telephium* 'Herbstfreude' (der Klassiker)

SCABIOSA COLUMBARIA 'BUTTERFLY BLUE'

Ein absoluter Dauerblüher und Insektenmagnet. Die **Skabiose** kommt super mit Trockenheit zurecht. Es gibt auch pinke und vanillegelbe Sorten.

- Juni bis September
- sonnig
- ca. 50 cm
- 10 Stück pro Quadratmeter sind ausreichend

STACHYS MONNIERI 'HUMMELO'

Pinker Knaller im Beet, der auch im Herbst und Winter für eine schöne Struktur sorgt. Der **Zottige Ziest** mag trockenen und nicht zu fetten Boden.

- Juni bis August
- sonnig
- 40–50 cm
- 8 Stück pro Quadratmeter

TEUCRIUM HIRCANICUM

Kaukasus-Gamander hat sich bei mir an den trockensten Stellen durchgesetzt und ist ein absoluter Bienenmagnet. Wächst bei mir in Kombination mit Trommelstocklauch.

- Juni bis Oktober
- sonnig
- ca. 60 cm
- 6 Stück pro Quadratmeter

THYMUS SERPYLLUM

Sand-Thymian bildet eine üppige Blüte und wächst am liebsten in steinigen trockenen Böden. Er kommt mit extremer Hitze zurecht, daher ideal für sonnige heiße Ecken.

- Juli bis August
- sonnig
- 5–10 cm
- 11 Stück pro Quadratmeter

VERBENA BONARIENSIS

Das nicht ganz winterharte zweijährige **Argentinische Eisenkraut** bringt in Tuffs gepflanzt Leichtigkeit ins Beet.

- Juli bis Oktober
- sonnig
- 80–120 cm
- 6–8 Stück pro Quadratmeter

VERONICA SPICATA 'INSPIRE ROSE'

Diese Sorte vom **Scheinährigen Ehrenpreis,** auch als Sorte 'Younique Baby Pink' bekannt, ist eine Staude für den Beetvordergrund mit langer Blüte und wintergrünem Laub.

- Juni bis August
- sonnig
- 20–25 cm
- 20 Stück pro Quadratmeter

FÜR CHILLIGE ECKEN

HALBSCHATTEN & SCHATTEN

AJUGA REPTANS

Der **Kriechende Günsel** ist ein perfekter Bodendecker für den nicht gar so trockenen Schatten mit üppiger Blüte. Ein Insektenmagnet, der auch im Winter sein Laub behält.

- Mai bis Juni
- sonnig bis halbschattig
- 10–15 cm
- 16 Stück pro Quadratmeter
- *Ajuga reptans* 'Black Scallop' (tiefblaue Blüten)

ANEMONE TOMENTOSA 'ROBUSTISSIMA'

Diese Sorte der **Filzigen Herbstanemone** wird im Alter hoch und breit – bildet aber irgendwann Ausläufer. Es gibt auch eine Vielzahl von kleineren Herbstanemonen-Sorten.

- August bis Oktober
- halbschattig
- 100–130 cm
- Mehr als 2 Stück pro Quadratmeter würde ich nicht pflanzen!

ANEMONE JAPONICA 'WHIRLWIND'

Weißblühende halbgefüllte **Japan-Herbstanemone,** deren weiße Blüten auch gut für die Vase geeignet sind.

- August bis Oktober
- halbschattig
- 80–100 cm
- 4 bis 5 Stück pro Quadratmeter

ASTER AGERATOIDES 'ASRAN'

Diese **Wildaster**, unter Kennern bekannt als „wucherndes Monster", wird von mir genau deshalb geliebt. Sie kommt einfach mit allem klar und wächst überall!

- August bis Oktober
- sonnig bis halbschattig
- 80–100 cm
- 2 Stück pro Quadratmeter

ASTER AGERATOIDES 'BLAUKUPPEL'

Die kleine Schwester der 'Asran' breitet sich nicht so stark aus, ist aber nicht minder robust und vor allem sehr blühfreudig. Trockenheit macht dieser **Wildaster** nichts aus!

- Juli bis September
- sonnig bis halbschattig
- 50 cm
- 5 Stück pro Quadratmeter

ASTER DIVARICATUS 'TRADESCANT'

Diese Sorte der **Weißen Sommer-Wald-Aster** ist perfekt für dunkle trockene Ecken. Sie wächst üppig und hat zierliche schwarze Stiele und weiße Blüten – wunderschön!

- August bis September
- sonnig bis halbschattig
- 60 cm
- 2 Stück pro Quadratmeter

ASTER LAEVIS 'CALLIOPE'

Schattenverträgliche und hoch wachsende **Glatte Aster** mit heller üppiger Blüte. Da sie sehr groß wird, braucht man nicht viele Pflanzen, um Wirkung zu erzielen.

- September bis Oktober
- sonnig bis halbschattig
- 1,50 m bis 1,80 m
- 2 bis 3 Stück pro Quadratmeter

ASTRANTIA MAJOR

Hat man erst mal den perfekten Standort (bei mir halbschattig) gefunden, blüht die **Große Sterndolde** lange und versamt sich auch fleißig. Die Blüten eignen sich gut für die Vase.

- Juni/Juli und September
- sonnig bis halbschattig
- 45 cm
- 4 Stück pro Quadratmeter
- *Astrantia major* 'Moulin Rouge'

BERGENIA

Immergrüne Staude, die mit Trockenheit klarkommt und in keinem Garten fehlen sollte. Bei sonnigem Standort nehmen die Blätter der **Bergenie** eine schöne Herbstfärbung an.

- April bis Mai (es gibt auch Sorten mit zweiter Blüte im Herbst)
- sonnig bis halbschattig
- 25–50 cm
- sortenabhängig, aber mit 6 Stück pro Quadratmeter liegt man bei den meisten Sorten richtig

BRUNNERA MACROPHYLLA 'LOOKING GLASS'

Diese Sorte des **Silbrigen Kaukasus-Vergissmeinnicht** hat zwar eine unscheinbare Blüte, glänzt aber mit üppigem, auffälligem Laub. Noch auffälliger ist das Laub der Sorte 'Jack Frost'.

- April bis Juni
- halbschattig, absonnig
- 30–40 cm
- 8 Stück pro Quadratmeter

CAMPANULA GLOMERATA 'GENTI BLUE'

Diese **Knäuel-Glockenblume** funktioniert im Schatten prächtig und kommt sehr gut mit Trockenheit klar. Durch die üppigen Blütenbälle hat sie eine tolle Fernwirkung im Beet.

- Juni bis August
- sonnig bis schattig
- 40–50 cm
- 10 Pflanzen pro Quadratmeter

CERATOSTIGMA PLUMBAGINOIDES

Der **Chinesische Bleiwurz** ist die ideale Bepflanzung für trockenen Gehölzrand. Er blüht in klarem Kobaltblau und im Herbst färbt sich das Laub rotorange.

- August bis Oktober
- sonnig bis halbschattig
- 20–25 cm
- 16 Stück pro Quadratmeter

CIMICIFUGA SIMPLEX 'BRUNETTE'

Diese **Oktober-Silberkerze** wird bis zu 2 Meter hoch und ist somit perfekt für den Beethintergrund geeignet, wirkt aber auch für sich alleine. Trockenheit verträgt sie nicht.

- August bis Oktober
- halbschattig bis schattig
- 140–200 cm
- 1 Stück pro Quadratmeter

CLEMATIS X JOUINIANA 'PRAECOX'

Mein Horror-Pflanzort ist der trockene Schatten am Gehölzrand. Die **Teppich-Waldrebe** deckt den problemlos ab. Gib ihr 1 bis 2 Jahre – und bis zu 2 Quadratmeter sind grün!

- August bis September
- sonnig bis halbschattig
- 30 cm – kann mit Rankhilfe aber auch klettern!
- 1 Stück pro Quadratmeter

CONVALLARIA MAJALIS

Das **Maiglöckchen** sollte eigentlich in keinem Garten fehlen – dabei darf man aber seine Ausbreitungsfreudigkeit nicht vergessen. Am besten in gut begrenzte Bereiche pflanzen.

- Mai bis Juni
- halbschattig
- 20–30 cm
- 16 Stück pro Quadratmeter. Mit ca. 25 cm Abstand setzen, breitet sich aber sehr schnell aus!

CYCLAMEN

Alpenveilchen machen sich gut am Gehölzrand. Es gibt die frühlingsblühenden *Cyclamen coum* und herbstblühenden *Cyclamen hederifolium*.

- Februar bis März oder August bis Oktober
- halbschattig
- 10–15 cm
- 16 Stück pro Quadratmeter

DIGITALIS PURPUREA 'DALMATIAN PEACH'

Fingerhut ist zwar als zweijährige Staude nicht sehr langlebig, sät sich aber selbst aus und kommt da, wo er sich wohlfühlt, immer wieder.

- Juni bis Juli
- sonnig bis halbschattig
- 40–50 cm
- 5 pro Quadratmeter

HELLEBORUS X GLANDORFENSIS 'ICE N'ROSES'

Diese Sorte der **Schneerose** ist eine Kreuzung aus Christrose und Lenzrose. Sie ist immergrün, wächst kräftig und bildet viele Blüten, die bis ins späte Frühjahr schön bleiben.

- Dezember bis ins späte Frühjahr – die Blüten behalten lange ihre Farbe!
- halbschattig
- 50–60 cm
- 4 Stück pro Quadratmeter

HEUCHERA

Das **Purpurglöckchen** ist eine Blattschmuckstaude für sonnige wie schattige Ecken, die im Herbst in Kombination mit niedrigen Astern und *Sedum* farbliche Akzente setzt.

- Juni bis August, meist unscheinbare Glöckchen
- sonnig bis halbschattig
- 30–50 cm
- 8 Stück pro Quadratmeter
- *Heuchera*-Hybride 'Frosted Violet'

HOSTA SIEBOLDIANA 'ELEGANS'

Die **Blaublatt-Funkie** 'Elegans' zählt zu den größten *Hostas* und ist eine echte Erscheinung im Beet. Schnecken mögen sie wegen ihrer dicken fleischigen Blätter nicht!

- Juni/Juli
- halbschattig bis schattig
- 80 cm
- 1 Stück pro Quadratmeter

HOSTA X FORTUNEI 'PATRIOT'

Die **Weißrandige Graublatt-Funkie** bildet runde Horste, blüht im Sommer in zartem Lila und färbt sich im Herbst leuchtend gelb. Sie gehört zu den *Hostas*, die auch mit Sonne klarkommen.

- Juni/Juli
- halbschattig bis schattig
- 60–80 cm
- 1 bis 3 Stück pro Quadratmeter

GERANIUM WALLICHIANUM 'ROZANNE'

Kaum eine Sorte vom **Storchschnabel** blüht so lange und üppig wie diese. Die Blühzeit deckt die komplette Gartensaison ab. Dabei nimmt die Staude von Jahr zu Jahr an Größe zu.

- Juni bis Oktober
- sonnig bis absonnig, halbschattig
- 50–60 cm
- 4 Stück pro Quadratmeter

GERANIUM X CANTABRIGIENSE 'CAMBRIDGE'

Der **Cambridge-Storchschnabel** ist anspruchslos, braucht kaum Wasser. Das Laub ist wintergrün und färbt sich im Spätsommer rot. Die pinken Blüten sind ein Highlight!

- Mai bis Juli
- sonnig bis schattig
- 20–30 cm
- 16 Stück pro Quadratmeter – etabliert wächst dieser Storchschnabel sehr schnell

GERANIUM MACRORRHIZUM 'SPESSART'

Perfekt für ganz komplizierte Ecken wie Gehölzrand. Der einzige Anspruch, den dieser **Balkan-Storchschnabel** hat: Er sollte trocken stehen! Das Laub ist auch bei ihm wintergrün.

- Mai bis Juli
- sonnig bis schattig
- 25–35 cm
- 10 Stück pro Quadratmeter

GERANIUM X MAGNIFICUM 'ROSEMOOR'

Der **Prächtige Storchschnabel** blüht sehr üppig in dunklem Violettblau und leuchtet knallig selbst aus dunkleren Ecken. Das Laub färbt sich noch dazu im Herbst wunderschön bunt.

- Juni bis Juli
- sonnig bis halbschattig
- 50–60 cm
- 4 bis 6 Stück pro Quadratmeter

GERANIUM PHAEUM

Brauner Storchschnabel wächst schön üppig mit dunklen auffälligen Blüten. Er eignet sich perfekt für den Schatten und Gehölzrand.

- Mai bis September
- halbschattig bis schattig
- 50–70 cm
- 4 bis 5 Stück pro Quadratmeter

GILLENIA TRIFOLIATA

Die **Dreiblattspiere** ist eine filigrane Blühstaude für den Halbschatten mit spektakulärer Herbstfärbung. Wenn sie sich an ihrem Standort wohlfühlt, wächst sie üppig.

- Juni bis Juli
- halbschattig
- 60–80 cm
- 6 bis 8 Stück pro Quadratmeter

PERSICARIA MICROCEPHALA 'RED DRAGON'

Kleinköpfiger Knöterich punktet mit seinen rot panaschierten Blättern – die Blüten sind dabei eher unscheinbar.

- Juli bis August
- halbschattig bis schattig
- 60–75 cm
- 4 bis 6 Stück pro Quadratmeter

PHUOPSIS STYLOSA

Einmal etabliert, verbreitet sich der **Rosenwaldmeister** rasant. Mit seinen zarten rosafarbenen Blüten ist er aber ein schöner Bodendecker für den Halbschatten.

- Juni bis August
- sonnig bis halbschattig
- ca. 20–30 cm
- 7 bis 9 Stück pro Quadratmeter

PRIMULA JAPONICA 'MILLERS CRIMSON'

Die dunkelroten Blüten der **Etagen-Schlüsselblume** zeigen in schattigen bis halbschattigen Ecken Wirkung. Sie sollte auf keinen Fall sonnig stehen!

- Mai bis Juli
- halbschattig
- 40–60 cm
- 10 bis 12 Stück pro Quadratmeter

TIARELLA LACINIATA 'PINK SKYROCKET'

Wunderschönes wintergrünes Schattengewächs mit niedlicher langer Blüte. **Zipfelblättrige Schaumblüte** steht bei mir in Kombination mit Günsel.

- April bis Juni
- halbschattig bis schattig
- 20–30 cm
- 10 bis 12 Stück pro Quadratmeter

BLÜHKALENDER STAUDEN

	Januar	Februar	März	April
Helleborus x glandorfensis 'Ice N'Roses'	■	■	■	
Cyclamen coum		■	■	
Pulsatilla vulgaris			■	■
Bergenia				■
Euphorbia amygdaloides 'Purpurea', Brunnera macrophylla 'Jack Frost', Tiarella laciniata 'Pink Skyrocket'				■
Iris barbata-elatior 'Rosalie Figge' und 'Eternal Bliss', Ajuga reptans 'Black Scallop', Lynchis viscaria 'Feuer', Convallaria Majalis, Paeonia				
Aquilegia vulgaris 'Clementine White', Geranium x cantabrigiense 'Cambridge', Geranium macrorrhizum 'Spessart', Primula japonica 'Millers Crimson'				
Nepeta, Salvia nemorosa 'Mainacht', Salvia 'Amistad', Geranium phaeum				
Phlomis tuberosa 'Amazone', Hosta sieboldiana 'Elegans', Hosta x fortunei 'Patriot', Campanula carpatica 'White Clips', Geranium x magnificum 'Rosemoor', Monarda fistulosa var. menthifolia 'Mohikaner', Digitalis purpurea 'Dalmatian Peach', Gillenia trifoliata				
Geranium pratense 'Midnight Reiter', Veronica spicata 'Inspire Rose', Stachys monnieri 'Hummelo', Heuchera, Campanula glomerata 'Genti Blue', Phuopsis stylosa, Geranium sanguineum 'Ron Leed'				
Salvia nemorosa 'Caradonna' und 'Schneehügel', Scabiosa columbaria 'Butterfly Blue', Geranium sanguineum 'Ballerina'				
Erigeron karvinskianus, Teucrium hircanicum, Salvia 'Amistad', Astrantia major 'Moulin Rouge', Geranium wallichianum 'Rozanne'				
Phlox amplifolia 'David', Thymus serpyllum, Persicaria microcephala 'Red Dragon'				
Agastache 'Black Adder', Lavandula angustifolia 'Hidcote Blue', Echinacea purpurea, Monarda fistulosa 'Beauty of Cobham', Geranium wlassovianum, Aster ageratoides 'Blaukuppel'				
Kalimeris incisa 'Madiva', Cosmos atrosanguineus, Linaria purpurea 'Canon J. Went', Gaura lindheimeri, Verbena bonariensis				
Sedum telephium 'Matrona' und 'Herbstfreude', Aster divaricatus 'Tradescant', Clematis x jouiniana 'Praecox', Sedum spectabile 'Carl', Persicaria microcephala 'Red Dragon'				
Aster amellus 'Veilchenkönigin', Cyclamen hederifolium, Aster ageratoides 'Asran', Ceratostigma plumbaginoides, Anemone tomentosa 'Robustissima', Anemone japonica 'Whirlwind', Cimicifuga simplex 'Brunette', Cyclamen hederifolium				
Aster novae-angliae 'Barr's Pink', 'Violetta' und 'Andenken an Paul Gerber', Aster dumosus 'Rosenwichtel' und 'Herbstgruß vom Bresserhof', Aster ericoides 'Snowflurry', Aster laevis 'Calliope', Iris barbata-elatior 'Rosalie Figge' und 'Eternal Bliss'				
Aster novae-angliae 'Purple Dome'				

Die Übersicht über die Blühzeiten kann dir deine Planung erleichtern und Beetlücken lassen sich so einfacher schließen.

Mai	Juni	Juli	August	September	Oktober	November	Dezember

GRÄSER

FÜR JEDEN STANDORT

CALAMAGROSTIS VARIA

Auf der Suche nach einem Gras, das auch in trockenen schattigen Ecken wächst, bin ich mit dem **Berg-Reitgras** fündig geworden. Es ist sehr wüchsig und bildet üppige Horste!

- Juli bis September
- sonnig bis halbschattig
- 80–100 cm
- 2 Stück pro Quadratmeter

PENNISETUM 'CASSIAN'

Wunderschönes großes **Lampenputzergras** mit toller goldgelber Herbstfärbung und üppiger Blüte, das auch im Winter noch Fülle im Beet gibt.

- August bis Oktober
- sonnig
- 80–90 cm
- 1 Stück pro Quadratmeter

HAKONECHLOA MACRA

Das **Japanische Berggras** liebe ich! Es mag feuchte schattige Ecken und nach seiner Etablierung am Standort bildet es wallende Horste, die sich im Herbst goldgelb färben.

- Juli bis August
- halbschattig bis schattig
- 40–60 cm
- 6 Stück pro Quadratmeter

MISCANTHUS SINENSIS

Beim **Chinaschilf** hat mich die intensive Herbstfärbung überzeugt und die zierenden Samenstände, die lange erhalten bleiben.

- September bis Oktober
- sonnig
- 120–250 cm
- 1 Pflanze pro Quadratmeter
- *Miscanthus sinensis* 'Ferner Osten'

LUZULA SYLVATICA

Auf der Suche nach einem kräftigen immergrünen Gras für den Schatten bin ich auf die **Waldmarbel** gestoßen. Sie sorgt in dunklen Ecken auch im Winter für Farbe.

- Mai bis Juni
- halbschattig bis schattig
- 20–30 cm
- 8 Stück pro Quadratmeter

CALAMAGROSTIS X ACUTIFLORA 'OVERDAM'

Dieses **Gestreifte Reitgras** habe ich aufgrund seiner schönen panaschierten Blätter und seiner Standfestigkeit für meine Beete gewählt.

- Juni bis August
- sonnig
- 80–130 cm
- 4 Stück pro Quadratmeter

ACHNATHERUM CALAMAGROSTIS 'ALGÄU'

Wunderschönes leichtes **Silberährengras** mit Herbstfärbung und Samenständen, die den Winter über durchhalten.

- Juli bis August
- sonnig
- 50–70 cm
- 3 bis 5 Stück pro Quadratmeter

FRÜHLINGS-BLÜHER

FÜR EINEN BUNTEN FRÜHLING

TULIPA TURKESTANICA

Die Botanische **Gnomen-Tulpe** hat cremefarbene Blüten und eine auffällige gelbe Mitte. Dabei sind immer mehrere Blüten an einem Stiel. Bei Bienen ist sie sehr beliebt.

- April
- sonnig bis halbschattig
- 20–30 cm
- 5–10 cm

TULIPA HUMILIS 'PERSIAN PEARL'

Die **Zwerg-Tulpe** ist eine kleine Wildtulpe mit wundervollen violetten Blüten. Sie startet ihre Blüten schon sehr früh und eignet sich durch ihre geringe Höhe gut für den Beetvordergrund.

- April
- sonnig bis halbschattig
- 10–20 cm
- 5–10 cm

TULIPA 'SILVER CLOUD'

Eine **Tulpe** mit zartrosa Blüten und dunklen Stielen. Sie steht bei mir in Kombination mit weißen Narzissen. Gut für Sträuße geeignet, muss aber jährlich neu gepflanzt werden.

- Mitte April bis Mai
- sonnig bis halbschattig
- 30–40 cm
- 10–15 cm

TULIPA 'QUEEN OF NIGHT'

Eine **Tulpe,** die durch ihre fast schwarzen Blüten definitiv auffällt im Beet. Super in Kombination mit rosafarbenen Tulpen und späten Narzissen wie der 'Thalia'.

- Mitte April bis Mitte Mai
- sonnig bis halbschattig
- 50–60 cm
- 10–15 cm

TULIPA 'HAVRAN'

Diese **Tulpe** ist fast so dunkel wie die 'Queen of Night', allerdings mit spitzeren Blütenblättern.

- Mitte April bis Mitte Mai
- sonnig bis halbschattig
- 45 cm
- 10–15 cm

TULIPA 'EXOTIC EMPEROR'

Diese **Tulpe** besitzt riesige gefüllte weiße, mit grün durchzogene Blüten. Bei mir im Garten ist sie mit den Botanischen Tulpen eine der ersten, die blüht, und sie blüht noch dazu sehr lange.

- April
- sonnig bis halbschattig
- 30–40 cm
- 10–15 cm

NARCISSUS 'THALIA'

Narzissen sind unkomplizierter als Tulpen. Die 'Thalia' bildet mehrere Blütenköpfe und schafft so Fülle im Beet. Außerdem blüht sie spät und ist super mit Tulpen zu kombinieren.

- April
- sonnig bis halbschattig
- 30–40 cm
- 10–20 cm

NARCISSUS 'REGENERATION'

Diese gelbe **Narzisse** ist ein Schmuckstück, da sie mehrere Blüten bildet, gelb aufblüht und dann von der Mitte her verblasst. Sie sieht toll in Kombination mit dunkel-lila Tulpen aus.

- April/Mai
- sonnig bis halbschattig
- 40–50 cm
- 10–15 cm

NARCISSUS 'DANCING MOONLIGHT'

Eine pastellgelbe, fast gefüllt anmutende **Narzisse** mit großen Blüten, die aber trotz der schweren Blüten sehr standfest ist.

- April
- sonnig bis halbschattig
- 40–50 cm
- 15–20 cm

NARCISSUS MOSCHATUS

Die **Moschus-Narzisse** ist eine reinweiße, sehr früh blühende kleine Narzisse, die zuverlässig immer wieder kommt und sich auch sehr gerne vermehrt!

- März/April
- sonnig bis halbschattig
- 25–30 cm
- 5–10 cm

CROCUS TOMMASINIANUS

Der **Elfen-Krokus** ist DER Klassiker und jedes Frühjahr eine Augenweide, wenn er in hoher Anzahl einen lilafarbenen Teppich bildet. Er blüht sehr früh und vermehrt sich von selbst!

- Februar bis März
- sonnig bis schattig
- 10 cm
- 5 cm

IRIS RETICULATA 'PURPLE GEM'

Während man oft blaue und gelbe **Netzblattiris** im Frühjahr sieht, bildet 'Purple Gem' eine wirklich wunderschöne Ausnahme mit zierlichen dunkellila Blüten.

- Februar bis März
- sonnig
- ca. 20 cm
- 10 cm

GALANTHUS NIVALIS 'FLORE PLENO'

Das **Gefüllte Schneeglöckchen** ist, neben den ungefüllten Schneeglöckchen, eine hübsche Wahl. Wenn man regelmläßg teilt und verteilt, hat man schnell einen Schneeglöckchenteppich im Beet.

- Februar bis März
- sonnig bis schattig
- 15 cm
- 5 cm

ALLIUM AFLATUNENSE 'PURPLE SENSATION'

Eine günstige und nicht so künstlich wirkende Sorte des **Kugellauchs,** die sich gerne im Garten vermehrt. Die Kugeln sind nicht ganz so akkurat und ein absoluter Bienenmagnet!

- Mai bis Juni
- sonnig
- 80–90 cm
- 10–15 cm

ALLIUM SPHAEROCEPHALON

Der **Trommelstocklauch** blüht im Sommer und breitet sich stark aus. Wem das nichts ausmacht, wird ihn lieben! Die Blüten lassen sich mit Gräsern oder Kaukasus-Gamander kombinieren.

- Juni bis Juli
- sonnig
- 60–80 cm
- 5–10 cm

SCHNITTBLUMEN UND DAHLIEN

EINJÄHRIGE FÜR DIE VASE

COSMOS BIPINNATUS

Cosmea oder **Schmuckkörbchen** gibt es meist in Weiß- oder Rosatönen. Mir hat es die **Cupcake-Cosmea** angetan. Sehr einfach auszusäen – geht auch gut direkt ins Beet!

- Juli bis Oktober
- sonnig
- 120 cm
- März bis Mai im Haus, Mitte Mai direkt ins Beet, Mitteltrieb ausbrechen für bessere Verzweigung

ANTIRRHINUM MAJUS VAR. MAXIMUM 'SUMMER LAVENDER'

In rauchigem Lavendelrosa gefärbtes **Löwenmäulchen** mit üppiger, sehr großer Blüte! Diese Sorte eignet sich perfekt zum Schnitt für die Vase.

- Juli bis zu den ersten Frösten
- sonnig bis halbschattig
- 90 cm
- Im Februar/März in Aussaatschalen im Haus (Lichtkeimer!) und ab Mitte April ins Beet pflanzen

TAGETES ERECTA 'KILIMANDSCHARO'

Aufrechte Studentenblumen sind ja meist gelb oder rostrot – da ist diese cremeweiße Sorte ein echtes Highlight, das sich toll im Beet oder Kübel macht.

- Juni bis Oktober
- sonnig bis halbschattig
- 30 cm
- Ab März im Haus, ab April direkt ins Beet

ZINNIA ELEGANS 'GREEN LIME'

Diese **Zinnie** bildet große gefüllte Blüten in einem herrlichen Limettengelb und wird mit dem Abblühen immer schöner.

- Juli bis September
- sonnig
- 70 cm
- Februar bis April im Haus, Mai bis Juni direkt ins Beet. Ausbrechen des Haupttriebes bei ca. 30 cm Höhe bewirkt ein Verzweigen

SCABIOSA 'BLACK KNIGHT'

Dunkelrote, fast schwarze Blüten schmücken diese **Skabiose,** die auch Bienen magisch anziehen. Sie zählt zu den Cool Flowers!

- Juni bis September
- sonnig
- 60–80 cm
- Im Herbst direkt ins Beet oder von Februar bis April im Haus, ab April dann direkt ins Beet

PHLOX DRUMMONDII 'CHERRY CARAMEL'

Der **Sommer-Phlox** überzeugt mit seinen pudrigen üppigen Blüten. Wenn man den Haupttrieb bei ca. 20 cm Höhe kappt, verzweigt er sich und bildet mehr Blüten.

- ab Juni bis September
- sonnig
- 40 cm
- Von Februar bis April ist die Anzucht im Haus, von Mai bis Juni draußen im Beet

HELIANTHUS ANNUUS 'PRO CUT WHITE AND BLACK'

Diese **Sonnenblume** bildet eine cremeweiße Blüte mit schwarzer Mitte, die wirklich unfassbar schön vor allem in Masse gepflanzt aussieht.

- ca. Juni bis September
- sonnig
- 150 cm
- Ab Mitte April direkt ins Beet, ca. 2 cm tief

DAHLIA 'CREME DE CASSIS'

Die zweifarbigen Blüten (helle Oberseite und dunkelvio-lette Rückseite) dieser **Dahlie** wirken besonders schön. Gut mit Stauden kombinierbar.

- Juli bis Oktober
- sonnig
- 70 cm
- 4 Knollen pro Quadratmeter

DAHLIA 'DIANA'S MEMORY'

Diese **Dahlie** bildet üppige Blüten (10–14 cm) und nach dem Schnitt kommen immer wieder neue. Durch ihre Höhe funktioniert sie auch gut im Staudenbeet.

- Juli bis Oktober
- sonnig
- 70 cm
- 4 Knollen pro Quadratmeter

DAHLIA 'JOWEY WINNIE'

Die Pompons dieser **Dahlie** sind riesig (10–14 cm) und auch die kräftige Farbe ist ein Hingucker! Schön in Kombination mit der Pompon-Dahlie 'Natal'.

- Juli bis Oktober
- sonnig, windgeschützt
- 100 cm
- 4 Knollen pro Quadratmeter

DAHLIA 'NATAL'

Standfeste und gut für den Schnitt geeignete **Pompon-Dahlie** mit schwarzroten Blüten. Ich finde sie als Akzent in hellen Pflanzungen super schön.

- Juli bis Oktober
- sonnig
- 90–100 cm
- 6 Knollen pro Quadratmeter

DAHLIA 'ZIPPITY DO DA'

Eine niedliche **Pompon-Dahlie** mit unzähligen kleinen Blüten-Bällen (5 cm), die bis zum Frost durchblüht.

- Juli bis Oktober
- sonnig
- 100 cm
- 4 Knollen pro Quadratmeter

DAHLIA 'MISS DELILAH'

Diese **Dahlie** bildet große Blüten (15 cm) mit leuchtend pinken Spitzen und ist sehr gut für die Vase geeignet.

- Juli bis Oktober
- sonnig
- 90 cm
- 4 Knollen pro Quadratmeter

DAHLIA 'WINE EYED JILL'

Zauberhafte **Pompon-Dahlie** mit hellrosa bis gelben Blüten (12 cm), deren Mitte purpurrot aufgeht.

- Juli bis Oktober
- sonnig
- 100 cm
- 6 Knollen pro Quadratmeter

DAHLIA 'WIZARD OF OZ'

Diese **Pompon-Dahlie** ist vor allem auf Instagram sehr beliebt. Sie sollte für die Vase geschnitten werden, bevor sich die Blüte komplett geöffnet hat.

- Juli bis Oktober
- sonnig
- 80 cm
- 5–6 Knollen pro Quadratmeter

REGISTER

BEZUGSQUELLEN

STAUDEN, GRÄSER UND GEHÖLZE

Baumschule Horstmann
www.baumschule-horstmann.de/
@wirliebenpflanzen

Staudengärtnerei Gaißmayer
www.gaissmayer.de/web/shop/
@staudengaertnerei_gaissmayer

Baumschule Huben (kein Onlineshop!)
www.huben.de/
@baumschulehuben

Die Staudengärtnerei
www.die-staudengaertnerei.de/

Baumschule New Garden
www.baumschule-newgarden.de/

SAMEN, ZWIEBELN UND DAHLIEN

My Cottage Garden (hat auch hochwertige Gartenhelfer)
https://shop.mycottagegarden.de/
@mycottagegarden.de

Fluwel
www.fluwel.de/
@fluwel_de

Fam Flower Farm
www.famflowerfarm.de
@famflowerfarm

Jora Dahl
www.joradahl.de
@jora_dahl

Samenhaus Müller
https://www.samenhaus.de/
@samenhaus.de

GERÄTE, BEKLEIDUNG UND ACCESSOIRES

Gardena (Bewässerung und Gartengeräte)
www.gardena.com
@gardena.dach

Fiskars (Gartengeräte)
https://www.fiskars.com/
@fiskars

Krumpholz
www.krumpholz1799.de
@krumpholz_werkzeuge

by Benson (Gartengeräte)
www.bybenson.com/de
@by.benson

FloraManufaktur (Gartenkleidung)
www.floramanufaktur.se
@floramanufakturofficial

ERDEN, DÜNGER, PFLANZENSTÄRKUNG

Compo
www.compo.de
@compo_garten

Schacht
www.schacht.de

ÜBER DIE AUTORIN

Sonja Di Leo lebt mit ihrem Mann und zwei Söhnen in einem Stadtteil von Mainz. Der Garten ist für Sonja der Ort, an dem sie sich kreativ ausleben kann und in stressigen Phasen zur Ruhe kommt. Hier verbindet sie ihre Leidenschaft für Blumen und für die Fotografie. Seit 2018 teilt sie ihre Fotos und Erfahrungen auf ihrem Blog und Instagram Account. Ihr Gartenwissen hat sie sich über die Jahre durch viel Lesen und Ausprobieren selbst angeeignet. In ihrem Garten legt sie größten Wert auf Blütenfülle, noch wichtiger sind ihr aber gemütliche Ecken zum Entspannen für die ganze Familie und Freunde. Mit viel Leidenschaft geht sie außerdem ihrem Job als Social Media Redakteurin bei einem TV-Sender nach.

→ **Blog:** www.ichsehgruen.de

→ **Instagram:** @ichsehgruen

DANKSAGUNG

An erster Stelle möchte ich meinem Mann und meinen beiden Jungs danken, die sich teilweise sehr einschränken mussten, weil die Mama noch Fotos fürs Buch schießen wollte und Angst hatte, dass der Fußball ihr die Motive plattmacht. Ich weiß, ich hab euch in der gesamten Zeit viele Nerven gekostet.

Danke sage ich auch dem EMF-Verlag dafür, dass ihr an mich geglaubt und mir die Chance für dieses Buch gegeben habt. In erster Linie geht hier der Dank an meine Lektorin Saskia Hauck und meine Grafikerin Silvia Keller, die beide gerade zum Ende hin unglaubliche Arbeit geleistet haben.

Vielen lieben Dank an meine liebe Freundin Michaela Waldow für die schönen Fotos von mir! Jedes Shooting mit dir war das reinste Vergnügen!

Dieses Buch wäre nichts ohne Sandra Jägers @grueneliebe_miss_greenball, die das Äquivalent zu diesem Buch für den Gemüsegarten geschrieben hat und mir wirklich zu jeder Zeit mit Ratschlägen beiseite stand! Was hätte ich nur ohne dich gemacht, Sandra? Gleiches gilt für die unglaubliche Leonie Orgel @staudenprinzessin, die unermüdlich korrekturgelesen und mich bestätigt hat, dass ich einen guten Job mache. Auch hier ein dickes Dankeschön und einen festen Drücker an euch beide!

Last but not least ein Danke von Herzen an meine Follower*innen auf Instagram! Von euch kam die Inspiration für dieses Buch. Ihr habt mir in den letzten Jahren so viele Fragen gestellt, die ich leider nicht alle ausführlich beantworten konnte. Ganz viele eurer Fragen sind deshalb in dieses Buch eingeflossen.

Q&A

Wenn du es bis hier hin geschafft hast, sollten eigentlich all deine Fragen beantwortet sein. Und wenn dir doch noch was unter den Nägeln brennt, kannst du mich jederzeit kontaktieren.

Wie groß ist dein Garten?
Mein Garten umfasst circa 450 m^2 – also gar nicht so groß. Ich versuche aber möglichst viel unterzubringen auf diesem kleinen Raum!

Was sind deine Lieblingsstauden?
Ich liebe den Herbst, daher stehe ich wirklich total auf Astern. Früher fand ich Astern mega altmodisch – meine Oma hatte die schließlich immer im Garten. Aber die wusste warum! Dieses Farbspektakel ab September ist für mich das Highlight des Gartenjahres!

Welche Stauden gehen so gar nicht?
Eigentlich finde ich ja alle toll, verzichte nur weitestgehend auf gelb blühende Stauden in meinem Garten. Was nicht heißt, dass sie mir nicht gefallen! Ein Meer aus Rudbeckien finde ich umwerfend (nur nicht bei mir). Aber eine Staude, mit der ich nicht warm werde, ist Wollziest (auch Eselsohren genannt). Brrr... da schüttelt es mich echt!

Bitterster Gartenmoment?
Das war, als wir unser Haus mit wunderschön angelegtem Garten gekauft haben und ich wirklich fast alles innerhalb von einem Jahr getötet habe. Der Rasen war von zu viel Dünger verbrannt, die Stauden sind größtenteils eingegangen (mit ganz wenigen Ausnahmen wie der Fetthenne 'Herbstfreude') und über die Rosen sprechen wir erst gar nicht. Es war wirklich zum Heulen!

Schlimmster Fehler im Garten?
Nach einer kompletten Umgestaltung meines von mir zerstörten Gartens war das Anlegen einer betonierten Rasenkante fatal – der Dorn sitzt echt tief und die Rasenkante fürs Leben. Leider. Ansonsten bin ich wirklich entspannt, was Fehler angeht. Die lassen sich im nächsten Jahr schließlich wieder beheben!

Ewiger Stauden-Fail?
Das ist eine ganz bittere Angelegenheit in meinem Garten, mit der ich nicht klarkomme: Bei mir wachsen einfach keine Lupinen! Ich liebe Lupinen, finde sie wunderschön! Frisch gepflanzt klappt es mit ihnen auch erstmal richtig gut, dann mickern sie und im nächsten Jahr sind sie nicht mehr da. Ich habe einfach kein Glück damit – was mich nicht daran hindert, es jedes Jahr aufs Neue zu versuchen!

Nervigstes Unkraut?
Giersch, Giersch und noch mal Giersch! Ein Kampf seit Jahren hier im Garten – so schlimm, dass ich diesem Unkraut sogar einen eigenen Artikel auf meinem Blog gewidmet habe!

Größte Erkenntnis?
Rasen wächst nicht überall und da wo er nicht wachsen will, sollte man ihn einfach entfernen. Ich habe leider Jahre dafür gebraucht – hätte mir ja wohl auch mal jemand sagen können! Diese (späte) Erkenntnis hat uns allerdings zu unserer wunderschönen Terrasse unter dem Kugelahorn verholfen.

VORHER- / NACHHERBILD VOM SELBEN BEREICH

NOCH MEHR TOLLE BÜCHER

Keine Zeit zu gärtnern –
Easy planen, pflegen und ernten:
Gemüse, Kräuter & Beeren

ISBN 978-3-7459-0864-0

Der A bis Z-Gartencoach –
Von TV-Gartenprofi Alexandra Lehne

ISBN 978-3-7459-0494-9

Kleine Freiheit Garten –
Glücklich im Schrebergarten

ISBN 978-3-7459-0866-4

Mein Blumengarten –
Das illustrierte Gartenbuch

ISBN 978-3-7459-1025-4